Kerstin Helbig

Das
Heilpflanzen
Erlebnis-Handbuch

Anbauen, Anwenden, Dokumentieren

Der interaktive Wegweiser zur
natürlichen Hausapotheke mit
Pflanzenpower

für Gesundheit, Vitalität und Schönheit

Erste Auflage: Juni 2024
Copyright © 2024 Vanessa Ducke –
Alle Rechte vorbehalten.

Verlag: Vanessa Ducke | Bezinoring 38 | 67657 Kaiserslautern

ISBN: 978-3-9825974-1-6

Disc laimer

Die Inhalte dieses Ratgebers dienen ausschließlich der neutralen Information und allgemeinen Weiterbildung. Sie sind in keiner Weise eine Therapieempfehlung oder der Ersatz für eine ärztliche Beratung und Behandlung. Der Text erhebt keinen Anspruch auf Vollständigkeit. Des Weiteren kann für Aktualität, Richtigkeit und Ausgewogenheit der Informationen keine Garantie übernommen werden. Die Rezepte in diesem Buch ersetzen keinesfalls eine ärztliche Behandlung. Konsultieren Sie bei gesundheitlichen Fragen und auftretenden Beschwerden immer einen Arzt. Für Schäden oder Unannehmlichkeiten, die sich aus der Anwendung der in diesem Buch vermittelten Informationen ergeben, wird keine Haftung übernommen.

Inhalt

Beispielhafte Heilpflanzen im Porträt
- Anbau, Pflege und Verwendung

WILLKOMMEN IN DER WELT DER HEILPFLANZEN

Die Geschichte der Menschheit ist seit jeher auch eine Geschichte der Begegnung des Menschen mit Pflanzen. Während die Pflanzenwelt auch ohne uns bestehen könnte, sind umgekehrt Menschen und Tiere auf die Gewächse angewiesen. Menschen und Pflanzen gehen dabei eine innige, beinahe magische Verbindung ein. Und so ist es auch kein Zufall, dass viele Pflanzen voller wertvoller Stoffe sind, die unserer Gesundheit dienen.

Wer sich darauf einlässt, näher in das Wissen um die Heilkraft der Pflanzen einzudringen, wird nicht nur zahlreiche neue Erkenntnisse gewinnen, sondern auch viele spannende Entdeckungen machen.

Bei genauerem Hinschauen und mit dem entsprechenden Hintergrundwissen entdecken Sie vielleicht sogar eine kleine Apotheke, wo Sie sich bis gestern noch über Unkraut geärgert haben.

NUTZUNG DES JOURNALS

Dieses Journal ist Ihr persönlicher Begleiter auf einer faszinierenden Reise in die Welt der Heilpflanzen. Es soll Ihnen nicht nur wertvolles Wissen vermitteln, sondern auch Ihre Kreativität anregen und Ihre Verbindung zur Natur stärken, indem es Sie einlädt, vieles auszuprobieren und Ihre Erfahrungen festzuhalten.

1. **Lesen und Lernen:** Dieses Buch liefert Ihnen viele Informationen, Tipps und Tricks, die Ihnen die Grundlagen der Heilpflanzenkunde näherbringen. Erfahren Sie mehr über die verschiedenen Methoden zu Anbau, Pflege, Ernte und Verarbeitung und lernen Sie die vielfältigen Anwendungsmöglichkeiten kennen.
2. **Entdecken und Erleben:** Nehmen Sie sich Zeit, um auf die Suche nach Heilpflanzen zu gehen oder diese selbst anzubauen. Probieren Sie die vorgeschlagenen Rezepte und Anwendungen aus und lassen Sie sich inspirieren, um Ihre eigenen kreativen Rezepturen zu entwickeln. Integrieren Sie Heilpflanzen auf vielfältige Weise in Ihren Alltag und erleben Sie ihre heilenden Kräfte.
3. **Dokumentieren und Reflektieren:** Nutzen Sie die vorbereiteten Seiten und Vorlagen, um Ihre eigenen Entdeckungen zu dokumentieren. Führen Sie ein Tagebuch über die Pflanzen, die Sie gefunden und verwendet haben, planen Sie Ihren eigenen Heilkräutergarten usw. Notieren Sie alle für Sie relevanten Fakten wie z.B. deren Standort, Erntezeit und Ihre persönlichen Erfahrungen mit deren Anwendung und alles was Ihnen wichtig ist.

HEILPFLANZEN – KLEINE BEGRIFFSKLÄRUNG

Die Bezeichnung „Heilpflanzen" ist ein Sammelbegriff für Nutzpflanzen, in denen gesundheitsfördernde Inhaltsstoffe nachgewiesen werden konnten. Es handelt sich dabei also nicht um eine botanische Bezeichnung zur Klassifizierung von Pflanzen. Vielmehr ist der Begriff seit Jahrhunderten in der Naturmedizin verankert. Viele Heilpflanzen haben längst ihren festen Platz in der Naturheilkunde und dienen als Basis für die Herstellung von Salben, Tees oder Tinkturen. Medikamente, die unmittelbar aus Heilpflanzen hergestellt werden, werden Phytopharmaka genannt.

Heilpflanzen werden in verschiedene Gruppen unterteilt. Üblicherweise wird die Klassifizierung wie folgt vorgenommen:

Klasse	Beispiele
Wildblumen	Arnika, Johanniskraut, Kamille
Wildkräuter	Bärlauch, Brennnessel, Schafgarbe
Gewürzkräuter	Liebstöckel, Rosmarin, Thymian
Unkräuter	Löwenzahn, Spitzwegerich, Mariendistel
Teekräuter	Lavendel, Melisse, Ringelblume

Heilpflanzen werden vorwiegend in der Naturheilkunde, Alternativmedizin und Traditionellen Chinesischen Medizin (TCM) verwendet. Überdies gibt es mit der Phytotherapie einen eigenen Wissenschaftszweig, der sich mit der Verwendung von Pflanzen als Heilmitteln befasst.

Dennoch hat die Naturmedizin ihre Grenzen. Nicht bei allen in diesem Buch beschriebenen Anwendungen und Hausmitteln ist die Wirkung wissenschaftlich belegt. Die Anwendung der Pflanzen beruht vielmehr auf einem jahrhundertealten Erfahrungsschatz.

NATURHEILKUNDE – CHANCEN UND GRENZEN

Das Interesse an naturheilkundlichen Anwendungen ist in den letzten Jahren rasant gestiegen. Auf der Suche nach einer Alternative zur Schulmedizin wird die Heilkraft der Pflanzen vermehrt wiederentdeckt. Gründe dafür gibt es viele. Ein ganz ent- scheidender ist wohl, dass die „sanfte Medizin" weitgehend ohne Nebenwirkungen funktioniert. Denn chemische Arzneimittel lindern zwar Beschwerden, schädigen den Körper dabei aber nicht selten nachhaltig.

Heilpflanzen wurden bereits in der Antike rege genutzt. Die ersten Aufzeichnungen sind etwa 6.000 Jahre alt und wurden auf Tontafeln am Persischen Golf gefunden. Die alten Ägypter nutzten Überlieferungen zufolge bereits 600 Pflanzen, um diverse Beschwerden zu behandeln. Das erste Kräuterbuch der Menschheitsgeschichte wurde im 4. Jahrhundert v. Chr. von dem griechischen Arzt Diokles von Karystos verfasst.

In nördlicheren Gefilden Europas fristete die Naturmedizin dagegen lange Zeit ein Schattendasein. Erst im Mittelalter beschäftigten sich Heilkundige wie Hildegard von Bingen intensiv mit der Wirkung von Pflanzen. In dieser Zeit wurden die Gärten vieler Klöster zum Zentrum der Heilpflanzenkunde. Der damals gewonnene Erfahrungsschatz dient uns noch heute als Quelle und Inspiration für die Nutzung von Heilkräutern und lehrt uns, wie wir von ihren Wirkstoffen profitieren können. Mit der Hexenverfolgung in der frühen Neuzeit verschwand das heilkundliche Wissen der Kräuterfrauen allerdings zunächst aus den Köpfen der Menschen. Zudem trat die Chemie ihren Siegeszug an.

Zu den Begründern der modernen, wissenschaftlich fundierten Naturheilkunde zählt Dr. Rudolf Fritz Weiss. Er etablierte den ersten Lehrstuhl für Phytotherapie in Deutschland und war Wegbereiter für die Anerkennung der Pflanzenheilkunde in der Schulmedizin.

Laut Aussage von Prof. Dr. Andreas Michalsen, dem Leiter der Abteilung für Naturheilkunde im Berliner Immanuel Krankenhaus, wünschen siebzig Prozent aller Deutschen eine zumindest die klassische Medizin unterstützende Behandlung mit Naturheilverfahren. Der Arzt sieht daher in der Verbindung von Schulmedizin und Naturheilkunde die Medizin der Zukunft.

Arzneikräuter können viele Beschwerden lindern oder Krankheiten vorbeugen, indem sie zum Beispiel das Immunsystem stärken. Bei chronischen Leiden hilft die Pflanzenmedizin ebenfalls, oftmals sogar dort, wo die Schulmedizin an Grenzen stößt. Doch auch mit Phytopharmaka lässt sich nicht alles behandeln. Wenn Sie Ihre eigene Naturmedizin anbauen, ernten und anwenden wollen, sollten Sie die Grenzen dieser Therapiemöglichkeiten kennen und achten. Dabei wird Sie dieses Buch unterstützen. Sie erfahren hierin, wie Sie Ihre eigene Pflanzenapotheke erstellen und einsetzen.

Heilpflanzen besitzen eine komplexe Zusammensetzung und sind wahre Kraftpakete aus Vitaminen, Mineralien, Ölen, Gerb- und Bitterstoffen. Zahlreiche wissenschaftliche Untersuchungen bestätigen ihre Wirkung. Mögliche Gefahren für die Gesundheit können dabei nicht völlig ausgeschlossen werden. Doch in aller Regel ist die Anwendung natürlicher Mittel mit deutlich weniger Risiken verbunden als die chemisch hergestellter Medikamente. Schwangere und chronisch kranke Menschen sollten sich aber aufgrund ihres empfindlicheren Immunsystems keinesfalls eigenständig zu the- rapieren versuchen. Zudem ist auch in der Pflanzenmedizin weniger häufig mehr. In großen Mengen eingenommen kann selbst ein harmlos erscheinender Kräutertee gefährliche Nebenwirkungen entfalten. Doch vor allem leichtere Erkrankungen lassen sich durch die Anwendung von Bädern, Umschlägen, Tees, Salben oder Inhalationen gut in Eigenregie behandeln. Sollten die Beschwerden nach einigen Tagen nicht ab- klingen oder sich sogar verschlimmern, ist aber unbedingt ein Arzt aufzusuchen. Die- ser leitet nach seiner Diagnose weitere Behandlungsschritte ein. Meist spricht nichts dagegen, die schulmedizinische Therapie mit Anwendungen aus der Heilpflanzen- medizin zu begleiten.

Also machen Sie den ersten Schritt zu einem gesünderen und natürlicheren Leben und freuen Sie sich auf die Begegnung mit den Pflanzen. Lassen Sie sich auf das Abenteuer Heilpflanzenapotheke ein und entdecken Sie, welche Schätze die Natur für Sie bereithält.

HEILPFLANZEN IM GARTEN – GESUNDHEIT AUS EIGENEM ANBAU

Viele Heilpflanzen können Sie als fertigen Tee in der Drogerie oder Apotheke kaufen. Doch eine eigene Pflanzenapotheke im Garten anzubauen, macht nicht nur viel Spaß, sondern bringt zahlreiche weitere Vorzüge der Kräuter, die viel mehr als nur heilen können, mit sich. Wenn Sie das Fenster öffnen, erfüllt der Duft von Lavendel, Pfefferminze oder Thymian die Luft. Außerdem sind Sie hautnah dabei, wenn Ihre Pflanzen keimen und heranwachsen. Sie pflegen und hegen sie und ernten schließlich Ihre eigenen Gesundheitskraftwerke.

Sie sind skeptisch und fragen sich, ob es nicht zu viel Zeit kostet, Heilpflanzen anzubauen? Außerdem sind Sie nicht gerade zum Hobbygärtner geboren und besitzen keinen grünen Daumen? Dann versuchen Sie es trotzdem! Denn einen eigenen Heilpflanzengarten anzulegen, ist einfacher als gedacht. Und es ist unglaublich erfüllend, da Sie mit der Natur zusammenarbeiten und letztlich von ihr profitieren. Die Pflanzenauswahl für Ihren Garten sollte weitgehend den natürlichen Standortverhältnissen und den Anforderungen der Gewächse folgen. Damit schaffen Sie die besten Bedingungen dafür, dass sich die Heilpflanzen bei Ihnen wohlfühlen und sich natürlich und gesund entwickeln.

Planung ist alles – Gartenbau für Einsteiger

Um Ihren Heilpflanzengarten zu planen, sollten Sie mit einer Skizze arbeiten und Lage und Größe der Beete vorab festlegen. Der Fokus in einem Naturgarten liegt darauf, am Ende gesunde Produkte zu ernten. Deshalb sollten Sie ökologische Prinzipien verstehen und sich daran orientieren. Da die angebauten Produkte weiterverarbeitet werden sollen, versteht es sich von selbst, auf chemische Pflanzenschutzmittel kom- plett zu verzichten.

Die Natur – Ihr Freund und Helfer

Viele Pflanzen, die in diesem Buch vorgestellt werden, wachsen auch in der freien Natur und sind perfekt an ihre Umgebung angepasst. Wenn Sie in Ihrem Garten ähnliche Bedingungen wie am natürlichen Standort schaffen, können Sie die Natur für sich arbeiten lassen. Dann können die Pflanzen mittels ihrer Selbstheilungskräfte sogar eigenständig Krankheiten bekämpfen und sich gegen Ungeziefer wehren. Sollte der Schädlingsbefall dennoch überhandnehmen, lassen sich die kleinen Parasiten mit natürlichen Mitteln in die Schranken weisen, ganz ohne chemische Keule. Einige bewährte Mittel sind:

- Knoblauchzehen: gegen Blattfleckenkrankheit und Grauschimmelfäule, drei bis fünf cm tief in den Boden stecken

- Basilikum: gegen Gurkenmehltau, zwischen die Pflanzen setzen

- Lavendel und Kerbel: gegen Ameisen und Blattläuse, zwischen die Pflanzen setzen

Mit Heilpflanzen können Sie überdies gezielt Nützlinge anlocken und damit Ihren Garten in ein lebendiges Stück Natur vor der eigenen Haustür verwandeln. Am bekanntesten sind folgende Liebschaften:

- Brennnesseln: locken Käfer und Schmetterlingsraupen an

- Löwenzahn: wird von Hautflüglern, Käfern und Schmetterlingen aufgesucht

Unkraut – ja bitte!

Legen Sie Ihre Bedenken gegenüber Unkräutern ab, denn diese sind ein wichtiger Bestandteil der Natur.

GUT ZU WISSEN

Der Begriff „Unkraut" existiert in der Botanik nicht. Die Wissenschaft unterscheidet nur zwischen Kräutern und Gräsern. In der Heilkunde wird er aber durchaus als Klassifizierungsterminus verwendet, um eine Pflanzenklasse zu bezeichnen.

Bei einem Rundgang durch Ihren Garten werden Sie vermutlich auf jede Menge vermeintliches Unkraut stoßen. Ändern Sie Ihren Blick darauf. Denn diese Pflanzen haben nicht nur oftmals heilende Kräfte, sondern ihr natürlicher Standort lässt auch Rückschlüsse auf die Bodenbeschaffenheit zu, die Ihnen bei der Gartenplanung helfen.

Folgende Kräuter sind prädestiniert für bestimmte Standortbedingungen:

- Brennnesseln: humoser, nährstoffreicher Boden
- Frauenmantel: feuchter Boden mit mäßigem Stickstoffanteil
- Kamille: humoses, nährstoffreiches Substrat
- Löwenzahn: lehmiger Untergrund

Ab ins Beet – legen Sie los!

Sie sind nun auf den Geschmack gekommen und möchten Ihren eigenen Heilpflanzengarten anlegen? Hervorragend, dann ist dieses Buch genau der richtige Wegbegleiter für Sie. Es ist bei allen Etappen auf dem Weg zu Ihrer eigenen Naturapotheke als Ratgeber an Ihrer Seite.

Für den Heilpflanzenanbau in Ihrem Garten eigenen sich verschiedene Anpflanzungsformen. Zunächst einmal müssen Sie die grundlegende Entscheidung treffen, ob Sie die Arzneikräuter solo oder in einer Mischkultur mit anderen Gewächsen, wie Blumen, Obst und Gemüse, züchten möchten. Für eine reine Heilpflanzenkultivierung bietet sich ein Kräuterbeet, eine Kräuterhecke oder eine Kräuterspirale an. Bei einer Mischkultur gilt es zu beachten, welche Pflanzen nebeneinanderstehen, denn nicht alle Gewächse mögen sich, manche behindern sich sogar gegenseitig im Wachstum.

ANBAU IM KRÄUTERBEET – ALLE AN EINEM FLECK

Wenn Sie alle oder zumindest möglichst viele der in diesem Buch vorgestellten Heil- pflanzen anbauen möchten, benötigen Sie viel Platz. Besitzen Sie einen großen Garten, ist ein Kräuterbeet die ideale Lösung. Wichtig bei der Planung eines solchen Beetes sind ausreichende Pflanzabstände. Nur so kann jedes Kraut optimal gedeihen.

TIPP

Pflanzen Sie stark wuchernde Heilkräuter in die Mitte des Beetes, schneiden Sie die Pflanzen regelmäßig zurück und verwenden Sie eine Wurzelsperre, damit sich die einzelnen Gewächse nicht unkontrolliert ausbreiten und ihre Beetnachbarn verdrängen.

Für Lavendel, Rosmarin, Thymian oder Basilikum sollten Sie einen sonnigen Standort reservieren. Diese Heilkräuter stammen aus mediterranen Gefilden und benötigen einen warmen und witterungsgeschützten Platz.

Besser gewappnet für unser Klima sind Fenchel, Brennnessel und Melisse. Diese Stauden haben sich clever an die hiesigen Wetterbedingungen angepasst und ziehen sich im Spätherbst in ihre Wurzeln zurück. Dort überdauern sie den Winter und erscheinen pünktlich zum Start der neuen Gartensaison mit ersten zarten Blättern wieder im Kräuterbeet. Minze im Beet kann allerdings recht anstrengend werden. Kaum eine andere Staude breitet sich derart schnell aus. Kultivieren Sie diese Pflanze daher im Kräuterbeet an einem halbschattigen Standort, halten Sie die Erde gut feucht und setzen Sie eine Wurzelsperre in den Boden, damit die Pfefferminze nicht ungewollt die Regie im Beet übernimmt.

KRÄUTERHECKE – NATUR PUR

Eine Kräuterhecke erfüllt mehrere Zwecke auf einmal. Neben der Nutzung für die Kräuterzucht, dient sie als Sichtschutz oder Beetbegrenzung und ist Nistplatz für Insekten und Vögel, für die Ihr Garten dadurch zum Lieblingsplatz werden wird.

Für die Heckengestaltung besonders geeignet sind folgende Heilpflanzen:

- Aronia
- Hagebutte
- Johanniskraut
- Rose
- Wacholder
- Weißdorn

Mit Stauden von Lavendel oder Rosmarin lässt sich hingegen eine natürliche Beeteinfassung gestalten. Diese beiden Heilpflanzen sind winterhart und müssen regelmäßig zurückgeschnitten werden, damit sie reich verzweigen und immer abgeerntet werden können.

TIPP

Eine Lavendelhecke in Weiß, Lila und Blau ist nicht nur eine Augenweide, sondern auch ein Tummelplatz für Bienen.

KRÄUTERSPIRALE – OPTIMAL FÜR KLEINE GÄRTEN

Haben Sie nur einen kleinen Garten und somit wenig Platz für den Kräuteranbau zur Verfügung, ist eine Kräuterspirale die optimale Lösung. Denn darin wachsen Heilkräuter selbst auf kleinstem Raum üppig.

Eine Kräuterspirale wird dauerhaft angelegt und mit winterharten Kräutern bepflanzt. Errichten Sie dafür über einer kleinen Wasserstelle eine spiralförmig bis auf etwa achtzig Zentimeter ansteigende Trockenmauer aus Naturstein. Deren Innenraum wird anschließend mit Schotter aufgefüllt und mit Substrat bedeckt.

HINWEIS

Kräuterspiralen gibt es in verschiedenen Varianten. Das ursprüngliche Konzept ist eine Konstruktion aus Natursteinen, aber auch Spiralen aus Metall, Holz oder Kunststoff erfreuen sich zunehmender Beliebtheit.

Das Clevere an dieser Kultivierungsform ist, dass die einzelnen Bereiche der Spirale nicht nur unterschiedlich intensiv von der Sonne beschienen werden, sondern auch die Erde in ihrer Zusammensetzung variiert. Daher können Sie in einer Kräuterspirale etwa acht bis zehn verschiedene Heilkräuter mit unterschiedlichen Ansprüchen unterbringen.

Ein beispielhafter Aufbau:
- oberer Bereich:Der Boden ist hier trocken und durchlässig.
  Darüber freuen sich die „Sonnenkinder" Lavendel, Thymian und Rosmarin.

- mittlerer Bereich: Das Substrat wird feuchter und das Klima
  schattiger.
- Hier gedeihen Basilikum, Liebstöckel, Petersilie und Wermut.
  unterer Bereich: Die schattigen Abschnitte im unteren Bereich können
  Sie mit Pfefferminze ausfüllen.

MISCHKULTUR – AUF DEN RICHTIGEN NACHBARN KOMMT ES AN

In kleineren Gärten ist eine Mischkultur meist einfacher umzusetzen als ein großes Kräuterbeet. Heilpflanzen können dabei sowohl mit Blumen als auch mit verschiede- nen Obst- und Gemüsearten kombiniert werden. Das darf jedoch nicht wahllos be- ziehungsweise nach eigenem Gutdünken geschehen, sondern sollte unter Beachtung der Vorlieben und Abneigungen der einzelnen Pflanzen bezüglich ihrer Nachbarn erfolgen.

Günstige Pflanzpartner:
- Basilikum: Gurke, Schwarzwurzel, Tomate, Zucchini, Zwiebel
- Kamille: Kohl, Kohlrabi, Porree, Rettich, Radieschen, Sellerie
- Kerbel: Buschbohne, Endivie, Kopfsalat, Radieschen, Rettich
- Knoblauch: Gurke, Kartoffel, Kohlrabi, Möhre, Spinat, Erdbeere, Tomate

- Pfefferminze: Kartoffel, Kohlrabi, Kopfsalat, Möhre
- Rosmarin: Buschbohne, Möhre, Spinat
- Salbei: Buschbohne, Erbse, Kohl, Kohlrabi, Spinat
- Thymian: Kohl, Kohlrabi
- Ringelblume: Erbse, Gurke, Kohlrabi, Möhre

Ungünstige Pflanzpartner:

- Knoblauch: Buschbohne, Erbse, Kohlrabi, Stangenbohne
- Rosmarin: Gurke
- Salbei: Gurke
- Wermut: Knollenfenchel

GARTENLAYOUT UND PLANUNG

Die folgenden Seiten helfen Ihnen, die Planung und Pflege Ihres Heilpflanzengartens detailliert festzuhalten. Nutzen Sie sie, um Ihre Skizzen, Pflanzenauswahl, Zeitpläne und Erfahrungen zu dokumentieren, damit Sie den Überblick behalten und Ihren Garten jedes Jahr optimieren können.

Gesamtfläche: ____

Anzahl der Beete: ____

Lage der Beete (Sonnenausrichtung): ___________________________________

1. Ökologische Prinzipien:

   - Bodenpflege: ____

   - Kompostierung: ____

   - Wassermanagement: ____

   - Natürliche Schädlingsbekämpfung: __________________________

2. Pflanzenwahl und Platzierung

- Ausgewählte Pflanzen:
  - Pflanze 1: ____
    - Standort: _____________________________________
    - Pflanznachbar: ________________________________
    - Aussaat/Pflanzung:_____________________________
    - Sonstiges (Dünger, Boden):_____________________
  - Pflanze 2: ____
    - Standort: _____________________________________
    - Pflanznachbar: ________________________________
    - Aussaat/Pflanzung:_____________________________
    - Sonstiges (Dünger, Boden):_____________________
  - Pflanze 3: ____
    - Standort: _____________________________________
    - Pflanznachbar: ________________________________
    - Aussaat/Pflanzung:_____________________________
    - Sonstiges (Dünger, Boden):_____________________
  - Pflanze 4: ____
    - Standort: _____________________________________
    - Pflanznachbar: ________________________________
    - Aussaat/Pflanzung:_____________________________
    - Sonstiges (Dünger, Boden):_____________________
  - Pflanze 5: ____
    - Standort: _____________________________________
    - Pflanznachbar: ________________________________
    - Aussaat/Pflanzung:_____________________________
    - Sonstiges (Dünger, Boden):_____________________

3. Fruchtfolge und Mischkultur:

- Beet 1: ____

    o Pflanzenkombinationen:

    ____

    ____

    ____

- Beet 2: ____

    o Pflanzenkombinationen:

    ____

    ____

    ____

    ____

4. Pflege und Wartung

- Gartenpflege-Routine:

    o Gießen: ____

    o Düngen: ____

    o Unkraut jäten: ____

    o Schädlingskontrolle: ____

- Natürliche Düngemittel und Schädlingsbekämpfung:

    o Rezept für Komposttee: ____

    o Natürlicher Dünger: ____

    o Hausgemachte Insektizide: ______________________________________

5. Reflexion und Verbesserung

- Beobachtungen und Erfahrungen:

    o Was hat gut funktioniert?: _____________________________________

    o Herausforderungen und Lösungen: ________________________________

    o Pläne für das nächste Jahr: ____________________________________

Herausforderungen und Lösungen: ________________________________

____

____

____

____

____

Pläne für das nächste Jahr: _____________________________________

____

____

____

GARTENSKIZZE

(Platz für eine Zeichnung, Skizze oder Fotos des Gartens, einschließlich Lage und
Größe der Beete)

BASISWISSEN FÜR DEN HEILPFLANZENANBAU IM GARTEN

In den folgenden Abschnitten erfahren Sie einige Basics. Detaillierte Informationen zu den Bedürfnissen einzelner Heilkräuterarten finden Sie in den Pflanzenporträts.

Den passenden Standort finden

Damit Heilpflanzen üppig wachsen und gut gedeihen, ist der Standort entscheidend. Mit der richtigen Standortwahl schaffen Sie die Basis für eine gesunde Entwicklung der Gewächse. Die meisten in diesem Buch beschriebenen Heilkräuter bevorzugen einen sonnigen bis halbschattigen Standplatz.

Keine Kompromisse sollten Sie bei Lavendel, Rosmarin und Thymian eingehen. Diese Kräuter stammen aus südlichen Gefilden und benötigen unbedingt einen sonnigen Standort. Melisse, Minze, Kerbel und Liebstöckel nehmen dagegen gerne mit einem schattigen Platz vorlieb.

Wasser nicht vergessen

Pflanzen müssen gegossen werden. Das ist kein Geheimnis. Auch im Heilpflanzengarten sollte daher in trockenen Zeiten regelmäßig die Gießkanne zum Einsatz kommen. An heißen Sommertagen benötigen gerade Heilpflanzen viel Wasser.

> ### ALS FAUSTREGEL GILT
> Pflanzen mit großen und weichen Blättern benötigen mehr Flüssigkeit als solche mit kleinem festem und haarigem Laub.

Weniger ist mehr beim Düngen

Während Sie in einem Gemüsegarten regelmäßig düngen sollten, damit die Ernte nicht enttäuschend ausfällt, sind Heilkräuter weitaus genügsamer. Auch hier gilt, Pflanzen mit großen und üppigen Blättern brauchen mehr Nährstoffe als solche mit kleinen festen Blättern.

HEILPFLANZEN VOM BALKON – GESUNDES AUF KLEINSTEM RAUM

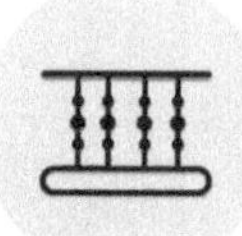

Gute Nachrichten für all jene, die keinen eigenen Garten besitzen: Die meisten Heil- pflanzen lassen sich recht problemlos auch auf dem Balkon anbauen. Allerdings gibt es beim Kräuteranbau in Pflanzgefäßen einiges zu beachten. Daher gestalten sich das Anlegen und Pflegen einer Heilpflanzenzucht auf dem Balkon häufig aufwendi- ger, als die zuvor beschriebene Kultivierung im Gartenbeet.

GUT ZU WISSEN

Kübelpflanzen haben deutlich weniger Substrat zu Verfügung als ihre Verwandten im Beet. Deshalb sind die Nährstoffe schnell aufgebraucht, weswegen die Pflanzen einen erhöhten Wasser- und Nährstoffbedarf haben.

Diese Pflanzen können auf dem Balkon einziehen

Sie können den Balkonanbau mit den meisten in diesem Buch vorgestellten Heilkräu- tern versuchen. Am besten für die Balkonkultur geeignet sind mediterrane Kräuter, wie Basilikum, Rosmarin oder Thymian. Auch die heimische Melisse nimmt einen Bal- konplatz dankbar an. Für Pfefferminze ist die Kübelpflanzung geradezu ideal. Denn durch den begrenzten Platz kann sich das Kraut nicht ungewollt ausbreiten und ande- re Kräuter aus dem Beet verdrängen. Gleiches gilt für die Brennnessel.

Die passenden Behälter

Die einfachste und gängigste Variante für eine Kräuterzucht auf dem Balkon ist, jede Heilpflanze in einen eigenen Pflanztopf zu setzen. Pflanzgefäße gibt es in unter- schiedlichsten Größen und Abmessungen sowie Farben und Formen, sodass die Kü- bel entsprechend der Gegebenheiten auf dem Balkon gewählt werden können.

Sie sind kreativ? Dann können Sie die Gestaltung der Pflanzgefäße selbst in die Hand nehmen, um dem Heilpflanzengarten auf Ihrem Balkon eine individuelle Note zu verleihen. Zudem müssen es nicht unbedingt klassische Blumenkübel sein.

Heilpflanzen fühlen sich in folgenden Behältnissen wohl:

- Blumenampeln
- Pflanzkörbe
- Pflanztaschen
- Blumenkästen
- Mini-Hochbeet

Das optimale Substrat

Im Handel erhältliche Kräutererde ist in der Regel gut geeignet, um den besonderen Ansprüchen der Kultivierung auf dem Balkon Genüge zu tun. Meist stehen die Kräuter in den Töpfen allerdings zu feucht. Achten Sie daher auf ein lockeres Substrat, das Feuchtigkeit gut ableitet.

> ### TIPP
> Herkömmliche Pflanzerde wird lockerer, wenn Sie etwa ein Viertel Sand untermischen. Dieser verhindert, dass sich die Erde zu stark verdichtet.

Staunässe ist einer der größten Feinde der meisten Heilpflanzen. Versehen Sie die Kräutertöpfe daher mit einer Drainageschicht. Hierfür legen Sie Kieselsteine oder Tonscherben auf den Boden des Gefäßes und füllen erst danach das aufgelockerte Substrat hinein.

Richtig gießen

Wie bereits erwähnt, benötigen Balkonpflanzen häufiger Wasser als Kräuter in einem Gartenbeet. Dennoch sollten Sie beim Gießen nicht übereifrig zu Werke gehen. Lavendel, Salbei und Rosmarin brauchen zum Beispiel nur wenig Wasser. Es reicht, wenn Sie diese Pflanzen etwa zweimal wöchentlich gießen.

> ### CLEVER
> Um zu erkennen, wann Pflanzen Wasser benötigen, hilft die Fingerprobe. Erst wenn sich die Erde im oberen Bereich – und der reicht einige Zentimeter tief in den Boden – trocken anfühlt, sollten Sie gießen.

Heimische Heilkräuter, wie Pfefferminze, Frauenmantel und Arnika sollten Sie hingegen mäßig, aber regelmäßig bewässern.

Düngen nicht vergessen

Pflanzen im Gartenbeet haben durch die reichlich vorhandene Erde ein großes Nähr- stoffdepot und müssen nur selten gedüngt werden. Balkonkräuter hingegen haben in ihren Pflanzgefäßen nur einen kleinen Nährstoffvorrat, der schnell aufgebraucht ist. Deshalb benötigen sie zusätzliche Nährstoffe.

Dies sollten Sie bereits bei der Pflanzung beachten und einen Langzeitdünger unter das Substrat mischen. Dann sind selbst einjährige Heilkräuter mit einem großen Nähr- stoffbedarf, wie zum Beispiel Basilikum, immer ausreichend versorgt.

Auf die Schnitttechnik kommt es an

Sind die Pflanzen in ihren Kübeln oder Töpfen gut angewachsen, möchten Sie na- türlich gern schnellstmöglich mit der Ernte starten, um mit dem Anlegen Ihrer Haus- apotheke zu beginnen und die im zweiten Teil dieses Buches aufgeführten Rezepte auszuprobieren.

Dabei ist jedoch Vorsicht geboten. Denn falsches Ab- oder Zurückschneiden kann ein Gewächs nachhaltig schädigen und Ihnen die Ernte ruinieren. Es werden verschiede- ne Schnittmaßnahmen unterschieden:

- Pflegeschnitt
- Ernteschnitt
- Rückschnitt

Bei Rosmarin, Salbei, Lavendel, Thymian und anderen mediterranen Heilpflanzen ist ein bewusster Rückschnitt wichtig. Ansonsten verholzen die Gewächse und bieten einen eher traurigen Anblick.

Versäumen Sie daher nicht den Pflegeschnitt zu Beginn der Saison. Umso mehr alte Zweige dabei entfernt werden, umso üppiger wächst die Pflanze und Sie können schon bald die ersten jungen Triebe ernten.

Haben Sie Pfefferminze angepflanzt, sollten Sie die Schere immer griffbereit halten. Minze verträgt nicht nur regelmäßige Schnittmaßnahmen, sie braucht sie geradezu, um nicht übermäßig zu wuchern. Auch Basilikum wächst nach einem kräftigen Ernte- schnitt umso buschiger weiter.

Überwinterung auf dem Balkon

Sie können Ihre Kräuterzucht auch auf dem Balkon problemlos überwintern lassen. Von den einjährigen Gewächsen müssen Sie sich allerdings verabschieden und be- reits eine Neuaussaat fürs nächste Jahr einplanen. Mehrjährige Heilkräuter, wie Ros- marin, Salbei, Lavendel und Thymian, können hingegen auf dem Balkon überwintern. Vor dem ersten Frost müssen diese Kräuter zurückgeschnitten werden. Diese letzte Ernte können Sie direkt dafür nutzen, Ihre Hausapotheke für den Winter aufzufüllen.

Um die Pflanztöpfe gut über die kalte Jahreszeit zu bringen, müssen Sie allerdings einen Frostschutz anlegen. Denn frieren die Gefäße durch, können die Pflanzen keine Nährstoffe aus dem Boden mehr aufnehmen.

Um Ihre Heilpflanzen vor der winterlichen Witterung zu schützen, sollten Sie folgende Vorkehrungen treffen:

- jeden Pflanztopf auf eine isolierte Unterlage aus Holz oder Styropor stellen und mit Kokosmatten, Jutesäcken oder Ähnlichem umwickeln
- die Erde mit einer Mulchschicht aus Laub bedecken
- darüber mit Reisig abdecken

HEILPFLANZEN AUF DEM FENSTERBRETT – ALS ZIMMERGÄRTNER GESUNDHEIT ERNTEN

Ein vielseitiger Heilpflanzengarten kann selbst auf einer Fensterbank entstehen. Die meisten in diesem Buch beschriebenen Heilkräuter stellen keine großen Ansprüche an ihren Standort. Häufig handelt es sich um Sonnenanbeter, die in der kalten Jahreszeit aber einen kühlen und schattigen Standort wünschen.

Der beste Standort für Heilkräuter in der Wohnung

Ein nach Süden ausgerichtetes Fenster ist der optimale Platz für die südländischen Sonnenkinder Salbei, Thymian, Lavendel und Rosmarin. Doch auch ein Ost- oder Westfenster eignet sich für eine Kräuterkultur. Hier gedeihen vor allem Petersilie, Pfef- ferminze, Liebstöckel und weitere Pflanzen, die gut mit weniger Sonnenlicht auskom- men. Verlieren die Pflanzen allerdings ihr sattes Blattgrün und die Stängel dünnen aus, dann ist es Zeit für einen Umzug an ein sonniges Südfenster.

Falls es in Ihrer Wohnung kein Südfenster gibt, können Sie sich mit Pflanzleuchten behelfen. Stellen Sie dabei vor allem sicher, dass die Sonnenanbeter Rosmarin, Lavendel, Thymian und Salbei mindestens sechs Stunden täglich mit ausreichend Licht versorgt werden.

Im Winter wird es für die meisten Heilkräuter unangenehm, da beheizte Zimmer für Pflanzen zu warm sind. Nur Basilikum sprießt auch über der Heizung munter weiter. Für alle anderen Kräuter sollte ein Platz in einem unbeheizten Raum oder im Treppen- haus gefunden werden.

Gärtnern ohne Garten – so erweitern Sie Ihre Möglichkeiten

Was Zimmergärtner häufig vergessen ist, dass jedes Fenster zwei Seiten hat. Öffnen Sie Ihr Fenster, haben Sie auf der anderen Seite noch einmal genauso viel Platz, um Pflanzen zu kultivieren. Dadurch erhalten Sie die Chance, eine ganze Reihe von Kräu- tern, die Sie vermutlich ausschließlich im Gartenbeet vermuten würden, im Pflanztopf oder Blumenkasten auch auf dem Fensterbrett wachsen zu lassen.

Nutzen Sie dabei also beide Seiten Ihres Fensterbrettes optimal aus, um viele verschiedene Heilpflanzen auf kleinstem Raum anzubauen. Es ist zwar mit ein wenig

Aufwand verbunden, die Töpfe drinnen zur Seite zu stellen, wenn Sie das Fenster öffnen und die draußen stehenden Pflanzen pflegen möchten, aber die Mühe lohnt sich. Zum einen haben Sie so zwei Standorte mit unterschiedlichen Bedingungen hin- sichtlich Temperatur und Klima an nur einem Fenster. Zum anderen werden Sie mit doppelter Ernte belohnt.

Die folgende Übersicht zeigt Ihnen, wie Sie das ganze Potenzial eines Fensterbrettes ausschöpfen können und gleichzeitig den verschiedenen Gewächsen ideale Stand- ortbedingungen bieten.

Pflanzen für drinnen:

- Aloe
- Basilikum
- Beifuß
- Dill
- Estragon
- Lavendel
- Liebstöckel
- Lorbeer
- Melisse
- Petersilie
- Pfefferminze
- Rosmarin
- Salbei
- Thymian

Pflanzen für draußen:

- Frauenmantel
- Gundermann
- Kamille
- Knoblauch
- Ringelblume
- Sonnenblume – auf für die Topfkultur geeignete Sorten achten
- Sonnenhut
- Tausendgüldenkraut

Gießen und düngen mit Augenmaß

Bei der Bewässerung von Heilkräutern in Pflanztöpfen ist Fingerspitzengefühl gefragt. Der Boden im Pflanzgefäß darf ruhig ein wenig austrocknen, bevor wieder gegossen wird. Ist das Substrat oberflächlich angetrocknet, ist der ideale Zeitpunkt zum Gie- ßen. Überschüssiges Wasser aus Übertöpfen oder Untersetzern sollte dabei entfernt werden, damit die Wurzeln nicht faulen und die Pflanzen kein ungewolltes Tauchbad nehmen. Im Winter sollten Sie ihre Pflanzen besonders gut im Auge behalten, denn trockene Heizungsluft sorgt für durstige Pflanzen.

WICHTIG

Die meisten Heilkräuter stehen lieber etwas trockener als zu nass.

Auch regelmäßiges Düngen ist wichtig, um Ihnen eine reiche Ernte zu sichern. Wäh- rend der Wachstumsphase im Sommer empfiehlt es sich, in 14-tägigen Abständen Kaffeesatz, Guano oder einen anderen organischen Dünger anzuwenden. Im Winter müssen Heilpflanzen hingegen nicht gedüngt werden.

Kitchen Gardening – das Gewächshaus für die Fensterbank

Um den Anbau von Heilkräutern in der Wohnung zu vereinfachen, gibt es im Han- del kleine Zimmergewächshäuser. Darin können Sie Ihre Heilpflanzen platzsparend unterbringen und sogar mit einer zusätzlichen Lichtquelle optimal versorgen. Die Wasserversorgung erfolgt über eine Bewässerungsschale. Die Pflanzen stehen also warm und geschützt und versorgen sich selbst mit Feuchtigkeit. Lediglich das Auffüllen des Wasservorrats ist hin und wieder vonnöten. Einfacher kann Gärtnern nun wirklich nicht sein.

Nachdem Sie nun die theoretischen Grundlagen für den Heilkräuteranbau an ver- schiedensten Standorten kennen, werden im Folgenden vierzig besonders nützliche und zudem einfach und auch für Anfänger zu kultivierende Heilpflanzen vorgestellt. Mithilfe der Informationen aus den Pflanzenporträts können Sie sich Ihren eigenen Heilpflanzengarten im Beet, auf dem Balkon oder auf dem Fensterbrett zusammen- stellen.

Dokumentationsseiten für den Anbau von Heilpflanzen auf der Fensterbank und dem Balkon

Diese Seiten helfen Ihnen, die Planung und Pflege Ihrer Heilpflanzen auf der Fensterbank und dem Balkon detailliert festzuhalten. Nutzen Sie sie, um Ihre Skizzen, Pflanzenauswahl, Zeitpläne und Erfahrungen zu dokumentieren, damit Ihre Pflanzen optimal gedeihen und Sie die besten Ergebnisse erzielen.

Pflanze 1: ____

- Standort (Fensterbank, Balkon, etc.): ____________________________
- Lichtverhältnisse (Mittagssonne, Halbschattig, etc.):__________________
- Gefäßauswahl (Größe): ____________________________________
- Substrat/Bodenmischung: __________________________________
- Wassermanagement: ______________________________________
- Natürliche Schädlingsbekämpfung: __________________________

Pflanze 2: ____

- Standort (Fensterbank, Balkon, etc.): ____________________________
- Lichtverhältnisse (Mittagssonne, Halbschattig, etc.):__________________
- Gefäßauswahl (Größe): ____________________________________
- Substrat/Bodenmischung: __________________________________
- Wassermanagement: ______________________________________
- Natürliche Schädlingsbekämpfung: __________________________

Pflanze 3: ____

- Standort (Fensterbank, Balkon, etc.): ____________________________
- Lichtverhältnisse (Mittagssonne, Halbschattig, etc.):__________________
- Gefäßauswahl (Größe): ____________________________________
- Substrat/Bodenmischung: __________________________________
- Wassermanagement: ______________________________________
- Natürliche Schädlingsbekämpfung: __________________________

Pflanze 4: ____

- Standort (Fensterbank, Balkon, etc.): _______________________________

- Lichtverhältnisse (Mittagssonne, Halbschattig, etc.):_______________________

- Gefäßauswahl (Größe): _______________________________________

- Substrat/Bodenmischung: _______________________________________

- Wassermanagement: _______________________________________

- Natürliche Schädlingsbekämpfung: _______________________________

Pflanze 5: ____

- Standort (Fensterbank, Balkon, etc.): _______________________________

- Lichtverhältnisse (Mittagssonne, Halbschattig, etc.):_______________________

- Gefäßauswahl (Größe): _______________________________________

- Substrat/Bodenmischung: _______________________________________

- Wassermanagement: _______________________________________

- Natürliche Schädlingsbekämpfung: _______________________________

Pflanze 6: ____

- Standort (Fensterbank, Balkon, etc.): _______________________________

- Lichtverhältnisse (Mittagssonne, Halbschattig, etc.):_______________________

- Gefäßauswahl (Größe): _______________________________________

- Substrat/Bodenmischung: _______________________________________

- Wassermanagement: _______________________________________

- Natürliche Schädlingsbekämpfung: _______________________________

Pflanze 6: ____

- Standort (Fensterbank, Balkon, etc.): _______________________________

- Lichtverhältnisse (Mittagssonne, Halbschattig, etc.):_______________________

- Gefäßauswahl (Größe): _______________________________

- Substrat/Bodenmischung: _______________________________

- Wassermanagement: _______________________________

- Natürliche Schädlingsbekämpfung: _______________________________

Pflanze 7: ____

- Standort (Fensterbank, Balkon, etc.): _______________________________

- Lichtverhältnisse (Mittagssonne, Halbschattig, etc.):_______________________

- Gefäßauswahl (Größe): _______________________________

- Substrat/Bodenmischung: _______________________________

- Wassermanagement: _______________________________

- Natürliche Schädlingsbekämpfung: _______________________________

- Pflanzenkombinationen:

  - Gefäß 1: _______________________________

    - Pflanzenkombinationen:_______________________________

      ____

  - Gefäß 2: _______________________________

    - Pflanzenkombinationen:_______________________________

      ____

      ____

  - Gefäß 2: _______________________________

    - Pflanzenkombinationen:_______________________________

      ____

      ____

Heilpflanzen ernten – was, wann, wie

Sobald es grünt und blüht, können Sie von den Kräften der Pflanzen profitieren. Doch bevor Sie einfach drauflos schneiden, zupfen oder pflücken, gilt es, einige Dinge zu beachten.

DER OPTIMALE ZEITPUNKT

Bei Heilpflanzen, die im Freien wachsen, sollte nur an trockenen Tagen geerntet werden. Ideal ist es, wenn vor der Ernte ein bis zwei sonnige Tage lagen, weil sich der Wirkstoffgehalt in den Kräutern durch die Kraft der Sonne erhöht. Da die Pflanzen morgens häufig noch mit Tautropfen behaftet sind, sollten Sie bis zum späten Vormittag mit der Ernte warten. Der perfekte Zeitpunkt ist der frühe Abend. Feuchte Pflanzen(teile) sollten Sie möglichst nicht ernten, weil diese schnell schimmeln oder faulen können. Die Mittagszeit ist auf jeden Fall tabu, denn dann machen die Pflanzen aufgrund von Hitze und Trockenheit schneller schlapp. Eine Ausnahme dürfen Sie lediglich bei Johanniskraut machen.

In der Regel wird dabei nicht die komplette Pflanze abgeerntet – denn bei den meisten Heilkräutern werden nur einige Pflanzenteile verwendet. Und selbst wenn mehrere Teile Heilkräfte besitzen, so sind sie doch überwiegend nicht zum selben Zeitpunkt erntereif. Junge Blätter werden vor der Blüte geerntet, Knospen, bevor sie zur Blüte kommen. Mit dem Ausgraben von Wurzeln müssen Sie bis zum Herbst oder nächsten Frühling warten. Samen können Sie sammeln, sobald die Blütezeit vorbei ist und die Pflanzen zu vertrocknen beginnen. Mit dem Pflücken von Früchten warten Sie, bis diese vollständig ausgereift sind. Allein Rinde können Sie meist ganzjährig ernten.

TIPP

Oberirdische Pflanzenteile schmecken am besten, wenn Sie bei Sonnenschein gesammelt werden. Denn dann konzentrieren sich die Geschmacksstoffe an der Oberfläche und die Wirksamkeit ist dadurch optimal.

Wenn Sie sich beim Gärtnern am Mondzyklus orientieren, ernten Sie oberirdische Pflanzenteile optimalerweise bei Vollmond, da dann die Wirksamkeit am höchsten sein soll und die Heilkräuter viel wertvollen Pflanzensaft enthalten. Die Wurzeln im Untergrund sollten Sie hingegen besser bei Neumond ausgraben. Laut altem Heilwis- sen soll zudem zwischen dem Vollmond im November und dem Vollmond im Februar gar nicht geerntet werden. Auch Botaniker befürworten das mit Blick auf die winter- liche Ruhephase der Pflanzen.

DIE RICHTIGE ERNTETECHNIK

Um die Pflanzen zu schonen, sollten Sie zum Abschneiden von Pflanzenteilen un- bedingt ein scharfes Messer verwenden. Damit erzeugen Sie gerade Schnittkanten, sodass nur wenig Pflanzensaft austritt und sich Ihre Heilkräuter schnell von diesem Eingriff erholen.

Wenn Sie im Garten mehrere Pflanzen auf einmal abernten, verwenden Sie für den Transport keine Plastikbeutel, sondern legen Sie Ihre kleinen Schätze in einem Korb oder Ähnlichem locker aufeinander.

BEDENKEN SIE BEIM SAMMELN STETS

Ihre Pflanzen sollen weiterwachsen. Ernten Sie daher nicht zu großzügig, sondern immer nur gerade so viel, wie Sie für ein Rezept benötigen. Haben Sie Wurzeln aus- gegraben, füllen Sie das Loch anschließend wieder mit Erde.

ERNTEKALENDER

Dieser Kalender bietet Ihnen einen schnellen Überblick darüber, wann die verschiedenen Kräuter geerntet werden und welche Pflanzenteile verwendet werden können. Zusätzlich enthält er eine leere Tabelle, in die Sie Ihre eigenen Heilpflanzen und deren Erntezeiten eintragen können.

HEILPFLANZE	WAS	JAN	FEB	MÄR	APR	MAI	JUN	JUL	AUG	SEP	OKT	NOV	DEZ
Echte Aloe	Blätter	■	■	■	■	■	■	■	■	■	■	■	■
Arnika	Blüten						■	■	■				
	Wurzeln										■		
Schwarze Aroniabeere	Früchte								■	■			
Echter Baldrian	Blüten							■	■				
	Wurzeln										■		
Bärlauch	Blätter		■	■									
	Zwiebeln								■	■			
Basilikum	Blätter				■	■							
Beifuß	Blätter						■						
	Wurzeln											■	
Große B rennnessel	Blätter			■	■	■	■	■	■	■			
	Samen										■		
	Wurzeln			■	■	■	■	■	■	■			
Dill	Kraut								■	■			
	Samen									■			
Estragon	Kraut, Triebspitzen							■	■				
Fenchel	Kraut							■	■				
	Samen									■	■		
	Wurzeln			■	■					■	■	■	
Frauenmantel	Kraut, Blüten					■	■	■	■				
Gundelrebe	Kraut				■	■							
Hagebutte	Blüten						■						
	Früchte									■	■		
Ingwer	Rhizome	■	■	■	■	■	■	■	■	■	■	■	■
Echtes Johanniskraut	Blüten, Blätter						■	■					

HEILPFLANZE	WAS	JAN	FEB	MÄR	APR	MAI	JUN	JUL	AUG	SEP	OKT	NOV	DEZ
Echte Kamille	Kraut, Blüten						■	■	■				
Kerbel	Blätter, Blüten				■	■	■	■	■	■	■		
Kerbel	Samen									■	■	■	
Knoblauch	Knollen						■			■	■		
Echter Lavendel	Kraut, Blüten								■				
Liebstöckel	Blätter				■	■	■	■	■	■			
Liebstöckel	Wurzeln, Samen										■	■	
Echter Lorbeer	Blätter					■		■	■	■			
Löwenzahn	Blätter	■	■	■	■	■	■	■	■	■	■	■	■
Löwenzahn	Blüten				■	■							
Löwenzahn	Wurzeln				■				■	■	■		
Mariendistel	Kraut, Blüten						■	■	■	■			
Mariendistel	Samen									■	■	■	
Melisse	Blätter				■	■	■						
Gemeine Nachtkerze	Blätter						■	■	■	■			
Gemeine Nachtkerze	Samen							■	■	■			
Gemeine Nachtkerze	Wurzeln									■	■		
Petersilie	Kraut						■	■	■				
Petersilie	Wurzeln										■	■	
Petersilie	Samen									■	■	■	
Pfefferminze	Blätter, Blüten							■	■				
Ringelblume	Blätter, Blüten						■	■	■	■			
Rose	Blüten						■	■	■				
Rosmarin	Kraut					■	■						
Echter Salbei	Blätter						■	■	■				
Gemeine Schafgarbe	Blüten, Kraut							■	■				

HEILPFLANZE	WAS	JAN	FEB	MÄR	APR	MAI	JUN	JUL	AUG	SEP	OKT	NOV	DEZ
Sonnenblume	Blüten							■	■				
	Samen										■		
Sonnenhut	Blätter				■	■							
	Blüten						■	■	■	■			
	Wurzeln										■		
Spitzwegerich*	Blüten, Kraut					■	■	■	■	■			
Echtes Tausendgüldenkraut	Blüten, Kraut						■	■	■				
Echter Thymian	Kraut (obere Hälfte)					■	■	■	■	■			
Gemeiner Wacholder	Nadeln				■								
	Früchte									■	■		
	Rinde	■	■	■	■	■	■	■	■	■	■	■	■
Weißdorn	Blüten					■							
	Blätter				■	■							
	Früchte									■	■		
	Rinde	■	■	■								■	■

*um den 15. August beste Ergebnisse

HEILPFLANZE	WAS	JAN	FEB	MÄR	APR	MAI	JUN	JUL	AUG	SEP	OKT	NOV	DEZ

HEILPFLANZE	WAS	JAN	FEB	MÄR	APR	MAI	JUN	JUL	AUG	SEP	OKT	NOV	DEZ

HALTBARMACHUNG UND AUFBEWAHRUNG

Für die in diesem Buch zusammengestellten Rezepte sollten Sie – sofern nichts anderes angegeben ist – nach Möglichkeit ausschließlich frische Pflanzenteile verwenden. Wenn Sie Ihre Heilpflanzenzucht in direkter Nähe haben, können Sie ohne großen Aufwand alle Zutaten erst unmittelbar vor der Zubereitung sammeln. Falls nicht, können Sie die meisten Heilpflanzen auch trocknen. Die getrockneten Kräuter eignen sich vor allem, um zum Beispiel einen leckeren Tee daraus aufzubrühen. Für die meisten anderen Anwendungszwecke sind frisch geerntete Pflanzen die bessere Wahl. Pflanzen zu trocknen bedeutet, ihnen das Wasser zu entziehen. Durch die Konservierung bleiben die wertvollen Inhaltsstoffe erhalten, ein Gären oder Verschimmeln wird jedoch verhindert.

GUT ZU WISSEN

Einige Pflanzen verlieren ihren Geschmack und ihre Heilwirkung beim Trocknungsprozess. Achten Sie auf die entsprechenden Hinweise in den Pflanzenporträts.

Pflanzen trocknen – so einfach geht's

Trocknen Sie die geernteten Kräuter am besten an einem gut durchlüfteten Ort, an dem jedoch keine direkte Sonneneinstrahlung herrscht. Der Dachboden oder ein lufti- ger Schuppen sind dafür bestens geeignet. Der Trocknungsprozess dauert etwa ein bis zwei Wochen.

Breiten Sie die Pflanzenteile zum Trocknen auf Tüchern aus oder binden Sie sie zu kleinen Sträußchen von etwa 15 Pflanzen zusammen und hängen Sie diese kopfüber auf.

WICHTIG

Wenn Sie Kräuter im Liegen trocknen, vergessen Sie nicht, sie regelmäßig zu wenden, damit die Feuchtigkeit von allen Seiten entweichen kann und sich kein Schimmel bildet.

Sollten Sie einen Dörrautomaten besitzen, können Sie diesen auch zum Trocknen Ihrer Heilpflanzen verwenden. Verteilen Sie diese dafür auf den einzelnen Ebenen und trocknen Sie sie bei konstanten vierzig Grad.

Wurzeln und Rinde trocknen Sie am besten im Backofen. Heizen Sie den Ofen dazu auf maximal vierzig Grad auf – kontrollieren Sie die Temperatur unbedingt mit einem Backofenthermometer, da die Kräuter zu große Hitze nicht vertragen. Lassen Sie die Tür des Backofens während des Trocknungsvorgangs leicht geöffnet, damit die Feuchtigkeit entweichen kann. Nach etwa fünf Stunden ist die Trocknung abgeschlossen.

Wann der Trocknungsprozess abgeschlossen ist, können Sie ganz leicht überprüfen: Knistern die Blätter bei Berührung und zerfallen beim Anfassen, ist die Trocknung beendet und Sie können die haltbar gemachten Heilkräuter in einer lichtundurchlässigen und gut verschließbaren Dose aufbewahren.

Wie bereits erwähnt, vertragen einige Heilkräuter den Trocknungsvorgang nicht. Denn mit der Feuchtigkeit verschwinden auch Aroma und Heilkraft. Um diese Pflanzen trotzdem zu konservieren und bevorraten zu können, können Sie sie zerkleinern und – am besten portionsweise – einfrieren. Praktisch dafür sind die kleinen Plastikbehältnisse aus Überraschungseiern oder Eiswürfelbehälter. Darin frieren Sie die Kräuter zusammen mit etwas Wasser ein.

REFLEXION & NOTIZEN ZUR HALTBARMACHUNG

Auf den folgenden Seiten haben Sie die Möglichkeit, Ihre Erfahrungen und Beobachtungen während der Haltbarmachung von Heilpflanzen festzuhalten.

Nutzen Sie die folgenden Fragen, um Ihre Gedanken und Erfahrungen zu reflektieren:

- **Welche Pflanzen haben Sie zur Haltbarmachung ausgewählt und warum?** Notieren Sie die spezifischen Heilpflanzen, die Sie für das Trocknen ausgewählt haben, und erklären Sie die Gründe für Ihre Wahl. War es wegen ihrer heilenden Eigenschaften, ihrer Verfügbarkeit oder einer anderen Motivation?
- **Wie lange hat der Trocknungsprozess gedauert?** Halten Sie die Zeitspanne fest, die für den vollständigen Trocknungsprozess erforderlich war. Dies hilft Ihnen, zukünftige Trocknungen besser zu planen und zu optimieren.
- **Haben Sie Probleme oder Herausforderungen während der Haltbarmachung festgestellt? Wie haben Sie diese gelöst?** Beschreiben Sie alle Schwierigkeiten, die während des Trocknens aufgetreten sind, wie Schimmelbildung, langsames Trocknen oder Verlust von Aroma. Notieren Sie die Lösungen oder Anpassungen, die Sie vorgenommen haben, um diese Probleme zu beheben.

- Welche Beobachtungen haben Sie über den Zustand und das Aussehen der getrockneten Pflanzen gemacht? Beobachten Sie die Qualität der getrockneten Pflanzen. Sind sie brüchig und rascheln sie? Haben sie ihre Farbe und ihren Geruch behalten? Notieren Sie alle bemerkenswerten Beobachtungen.

Nutzen Sie die vorbereiteten Notizseiten, um spezifische Details zu Ihrem Trocknungsprojekt festzuhalten:

- **Datum der Ernte:** Tragen Sie das genaue Datum ein, an dem Sie die Pflanzen geerntet haben. Dies hilft Ihnen, den Trocknungszeitraum genau zu verfolgen.
- **Pflanzenart:** Notieren Sie die genaue Art und den Namen der Heilpflanze. Dies ist besonders wichtig, wenn Sie mehrere Pflanzen gleichzeitig trocknen.
- Trocknungsmethode: Geben Sie an, welche Methode Sie verwendet haben, um die Pflanzen zu trocknen. Haben Sie sie aufgehängt oder auf einer Fläche ausgebreitet, im Backofen getrocknet oder eine andere Methode genutzt?
- **Dauer der Trocknung:** Erfassen Sie die gesamte Zeit, die benötigt wurde, um die Pflanzen vollständig zu trocknen.
- **Beobachtungen und Erfahrungen:** Schreiben Sie alle weiteren Beobachtungen und Erfahrungen auf, die während des Trocknungsprozesses wichtig waren. Dies könnte alles umfassen, von Wetterbedingungen bis hin zu persönlichen Erkenntnissen.

Diese Notizen helfen Ihnen nicht nur dabei, den Prozess des Pflanzentrocknens zu dokumentieren, sondern liefern auch wertvolle Erkenntnisse für zukünftige Trocknungsprojekte. Sie ermöglichen es Ihnen, Ihre Techniken zu verfeinern und eine persönliche Sammlung bewährter Methoden und Tipps zu erstellen. Nachfolgend finden Sie ein Beispiel, wie Sie Ihre Notizen gestalten könnten.

Datum der Ernte: 15. Juni 2024

Pflanzenart: Fenchel (Foeniculum vulgare)

Methode: Aufgehängt in kleinen Bündeln

Dauer der Trocknung: Zwei Wochen

Beobachtungen und Erfahrungen: Der Fenchel trocknete gut in einem schattigen, gut belüfteten Raum. Die Samen behielten ihr Aroma und ließen sich leicht vom Stängel lösen. Um Schimmelbildung zu vermeiden, war es wichtig, die Bündel nicht zu dicht zu binden und regelmäßig zu kontrollieren. Ich werde diese Methode auch für andere Kräuter ausprobieren, da sie effektiv war.

Datum der Ernte: ______________________________________

Pflanzenart: ______________________________________

Methode: ______________________________________

Dauer der Trocknung: ______________________________________

Beobachtungen und Erfahrungen:

____

____

____

____

____

____

____

____

____

____

____

Datum der Ernte:

Pflanzenart:

Methode:

Dauer der Trocknung:

Beobachtungen und Erfahrungen:

Datum der Ernte:

Pflanzenart:

Methode:

Dauer der Trocknung:

Beobachtungen und Erfahrungen:

Datum der Ernte:

Pflanzenart:

Methode:

Dauer der Trocknung:

Beobachtungen und Erfahrungen:

Datum der Ernte: ____

Pflanzenart: ____

Methode: ____

Dauer der Trocknung: ____

Beobachtungen und Erfahrungen:

____

____

____

____

____

____

____

____

____

____

____

Datum der Ernte:

Pflanzenart:

Methode:

Dauer der Trocknung:

Beobachtungen und Erfahrungen:

Datum der Ernte:
____

Pflanzenart:
____

Methode:
____

Dauer der Trocknung:
____

Beobachtungen und Erfahrungen:
____

____

____

____

____

____

____

____

____

____

____

____

IHR HEILPFLANZENSCHATZ – GRUNDREZEPTE

Nachfolgend finden Sie einige Grundrezepte, um sich eine Heilpflanzenapotheke mit den wichtigsten Mitteln gegen gängige Beschwerden anzulegen. Zudem erhalten Sie beispielhafte Anleitungen zur Herstellung von Kosmetikprodukten für Haut und Haare. Die meisten Rezepte lassen sich ganz einfach und mit wenigen Zutaten umsetzen.

Zunächst werden Sie mit den wichtigsten Zubereitungsmethoden vertraut gemacht. Die Basisrezepte dienen als grober Leitfaden lassen Ihnen viel Spielraum, um verschiedene Ideen auszuprobieren. Anschließend folgt ein Rezeptteil mit konkreten Anwendungsbeispielen für ausgewählte Pflanzen. Die dort präsentierten Rezepte dienen als Inspiration für Ihre eigenen Kreationen. Auf den freien Seiten, können Sie sich selbst ausprobieren und Ihre persönlichen Rezepte notieren.

Tee/Aufguss

Alle Zutaten für einen leckeren Kräutertee oder Aufguss finden Sie fortan im eigenen Garten, auf dem Balkon oder Fensterbrett. Um einen Aufguss herzustellen, zerkleinern Sie zunächst die frischen oder getrockneten Pflanzenbestandteile und übergießen diese anschließend mit kochendem Wasser.

GRUNDREZEPT

- 1 Teelöffel Kräuter
- 150 ml Wasser

TIPP

Die aromatischsten Kräutertees und Aufgüsse erhalten Sie aus jungen, zarten Blättern und Blüten.

Der Aufguss sollte etwa zehn Minuten zugedeckt ziehen. Gießen Sie ihn anschließend durch ein Sieb ab. Nun können Sie ihn als Tee trinken oder für Bäder, Umschlä- ge oder Waschungen verwenden.

GUT ZU WISSEN

Tees aus frischen Heilkräutern erscheinen weniger farbintensiv, wirken aber mindestens ebenso gut wie die aus getrockneten Kräutern.

Ist Ihnen der Kräutertee geschmacklich zu bitter, geben Sie ein wenig Honig dazu. Auch mit Vanille, Zimt oder anderen Gewürzen lässt sich der Geschmack abrunden. Ein Klassiker im Tee ist Zitronensaft, der zudem für eine zusätzlichen Vitaminkick sorgt. Das Verfeinern des Tees mit Milch sollten Sie hingegen den Briten überlassen, da sich ein- zelne Bestandteile der Milch negativ auf die Wirkung von Heiltees auswirken können.

Tinktur

Als Tinktur wird ein flüssiger Extrakt bezeichnet, der aus pflanzlichen oder tierischen Ausgangsstoffen gewonnen wurde. Zur Herstellung einer Tinktur benötigen Sie hochprozentigen Alkohol. Häufig wird dafür Doppelkorn verwendet, für die Rezepte in diesem Buch ist jedoch Wodka empfehlenswert. Während Tees und Aufgüsse wässrige Lösungen sind und daher baldmöglichst verbraucht werden sollten, werden die Pflanzenwirkstoffe durch den Alkohol herausgelöst und konserviert.

GRUNDREZEPT

- 8 Teile Alkohol
- 1 Teil Pflanzenteile

Das Verhältnis zwischen Pflanzenteilen und Alkohol sollte – wenn nicht anders angegeben – in etwa 1:8 betragen. Für Tinkturen werden stets frische, kleingeschnittene Pflanzenteile verwendet. Füllen Sie diese in ein gut verschließbares Gefäß und übergießen Sie sie mit Alkohol.

TIPP

Verwenden Sie dunkle Gläser. Dadurch wird die Tinktur vor Sonnenlicht geschützt und hält sich etwa zwölf Monate.

Kräuteröl auszug

Um einen Ölauszug herzustellen, geben Sie frische oder getrocknete Kräuter in Pflanzenöl und lassen das Gemisch mehrere Wochen lang durchziehen.

Folgende Öle sind für die Herstellung eines Auszugs gut geeignet:

- Olivenöl
- Sonnenblumenöl
- Distelöl
- Mandelöl

Auf neunzig Gramm Öl geben Sie zehn Gramm getrocknete oder die doppelte Menge frische Pflanzenteile. Nach drei Wochen wird der Auszug filtriert. Danach ist das Öl bei kühler Lagerung bis zu ein Jahr haltbar.

Salbe

Für eine einfache Basis-Salbe benötigen Sie nur wenige Grundzutaten, die Sie mit einem selbst hergestellten Auszugsöl nach Wahl mischen.

GRUNDREZEPT

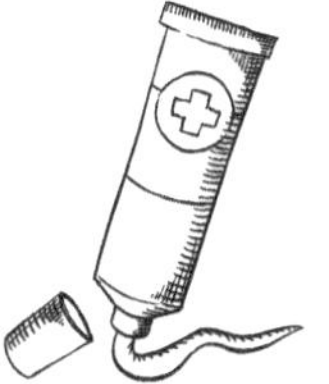

- 60 Milliliter Pflanzenöl (Raps-, Mandel- oder Olivenöl)
- 2 Gramm Bienenwachs-Pellets
- 20 Tropfen Auszugsöl nach Wahl

TIPP

Statt Bienenwachs kann auch Karnaubawachs verwendet werden, das zum Beispiel bei einer veganen Lebensweise eine gute Alternative darstellt.

Vermischen Sie Pflanzenöl und Wachs in einem Glasbehältnis. Dieses stellen Sie anschließend in ein Wasserbad. Wichtig: Das Wasser darf nicht kochen! Sobald sich das Wachs aufzulösen beginnt, rühren Sie die Mischung immer wieder um. Dabei ist etwas Fingerspitzengefühl nötig – ist die Mischung zu zäh, geben Sie noch etwas Öl in das Behältnis, wird sie hingegen zu flüssig, fügen Sie mehr Wachs hinzu. Sobald die gewünschte Konsistenz erreicht ist, nehmen Sie die Mischung aus dem Wasserbad, geben das Auszugsöl dazu und lassen die Salbe abkühlen. Anschließend lagern Sie die Salbe im Kühlschank. Dort ist sie je nach verwendetem Öl mehrere Monate bis maximal zwei Jahre haltbar.

Seife

Viel Spielraum haben Sie bei der Herstellung von Pflanzenseife. Und diese ist einfacher, als Sie vielleicht denken. Das Basisrezept kommt fast ohne Chemie aus und bietet mindestens so viele Variationsmöglichkeiten, wie sich Heilpflanzen in diesem Buch finden.

Die Seifenherstellung zählt zu den kreativsten Verwendungsmöglichkeiten von Heilkräutern und ist ein Erlebnis für alle Sinne. Zudem ist selbst gemachte Seife ein tolles Präsent zu fast jedem Anlass. Stellen Sie Ihre eigene Pflanzenseife auf Vorrat her, haben Sie stets ein passendes Geschenk zur Hand.

Erlaubt ist, was gefällt. Die Kräuter für die Seife können Sie grob mit den Händen zerreiben oder fein mahlen. Zu groß geratene Pflanzenpartikel können allerdings auf der Haut kratzen oder aus der fertigen Seife herausschauen, was deren Optik beeinträchtigt.

GRUNDREZEPT

- 800 Gramm Pflanzenmargarine
- 500 Gramm Kokosöl
- 450 Gramm Olivenöl
- 250 Gramm Sonnenblumenöl
- 620 Gramm destilliertes Wasser
- 276 Gramm Natron
- 4 bis 5 Esslöffel Kräuter nach Wahl

HINWEIS

Natron hat die chemische Formel NaOH und wird üblicherweise als Pulver verkauft. Es wird auch als Ätzsoda bezeichnet und ist notwen- dig, damit die Seife fest wird.

Lassen Sie das Kokosöl zusammen mit der Margarine in einem Topf schmelzen und anschließend auf vierzig Grad abkühlen. Geben Sie dann das Oliven- und das Sonnenblumenöl zu der Fettmischung. Rühren Sie das Natron in das destillierte Wasser ein. Tragen Sie dabei unbedingt Gummihandschuhe und eine Schutzbrille, um sich vor Spritzern zu schützen! Danach geben Sie die Lauge zum Fett-Öl-Gemisch und verrühren alles mit einem Stabmixer. Dieser verteilt das Fett optimal in der Lauge, was das Andicken beschleunigt. Nun fügen Sie die gewünschten Kräuter hinzu und gießen die fertige Masse in Förmchen. Dafür eignen sich zum Beispiel Mini-Kuchen- formen oder Eiswürfelbehälter. Alternativ können Sie auch eine große Back- oder Auflaufform verwenden und die fertige Seife in Stücke schneiden. Dort lassen Sie die Seife einen Tag lang fest werden, bevor Sie sie herauslösen und weitere vier Wochen trocknen und „reifen" lassen.

Die fertige Seife schäumt leicht und lässt sich auch zum Duschen verwenden. Stören Sie sich nicht an der leicht gelblichen Färbung. Diese rührt von der verwendeten Margarine her.

Als Seifenkräuter geeignet sind unter anderem:

- Lavendelblüten
- Kamillenblüten
- Frauenmantelkraut
- Löwenzahnblütenblätter
- Ringelblumenblütenblätter
- Pfefferminzblätter
- Salbeiblätter
- Rosmarin
- Petersilienblätter
- Schafgarbenblätter
- Melissenblätter

Sie können aber auch viele andere Kräuter in die Seife mischen – probieren Sie einfach ein bisschen herum und folgen Sie Ihren Vorlieben.

BEISPIELHAFTE HEILPFLANZEN IM PORTRÄT – ANBAU, PFLEGE UND VERWENDUNG

Echte Aloe (Aloe Vera)

Die Aloe Vera ist der perfekte Beweis dafür, dass Heilpflanzen auch ein attraktiver Blickfang sein können. Diese Sukkulente bietet sich sowohl für die Kultivierung im Zim- mer als auch im Wintergarten an. Im Sommer ist zudem ein Umzug auf den Balkon oder die Terrasse möglich. Die Pflanzen lassen sich problemlos im Kübel kultivieren.

STECKBRIEF

BEZEICHNUNG:	Aloe Vera, Wüstenlilie
PFLANZENART:	mehrjährig Grasbaumgewächs
WUCHSHÖHE:	bis zu 50 cm
BLÜTEZEIT:	März bis Mai
ERNTEZEIT:	Blätter: ganzjährig

GUT ZU WISSEN

Die Aloe Vera hat nicht nur heilende Kräfte, sondern kann zudem große Mengen Formaldehyd aus der Luft filtern.

Von den Priestern der Pharaonen im alten Ägypten wurde die Aloe „Pflanze der Unsterblichkeit" genannt. Und bis heute hat die Sukkulente nichts von ihrer Faszination verloren. Auch wenn Sie die wahre Schönheit dieses Gewächses nur im Urlaub in südlichen Ländern bewundern können, als Zimmer- oder Kübelpflanze macht die Aloe Vera ebenfalls eine gute Figur.

<table>
<tr><td>

INHALTSSTOFFE:

- 13 Vitamine
- 13 Mineralstoffe
- 27 Aminosäuren
- Harze
- Polysaccharide
- Enzyme
- ätherische Öle

</td><td>

EIGENSCHAFTEN:

- abführend
- blutstillend
- kühlend
- wundheilend

</td></tr>
</table>

BESONDERHEITEN

Die Pflanze kann große Mengen an Wasser in ihren Blättern speichern und muss entsprechend wenig gegossen werden. Zwischen Mai und September kann sie ins Freie umziehen. Bei zu starker Sonneneinstrahlung können sich braune Blattspitzen bilden. Die Überwinterung an einem kühlen, hellen Standort bei 10 bis 15 Grad fördert die Blütenbildung.

VERWENDUNG

FEUCHTIGKEITSMASKE

ZUTATEN

- 1 frisches Aloe-Blatt
- 1 TL Honig
- 1 TL Quark

HERSTELLUNG Das Aloe-Blatt sollte möglichst frisch verarbeitet werden. Entfernen Sie als Erstes dessen Außenhaut. Danach pressen Sie das gehäutete Blatt durch ein feines Sieb. So einfach gewinnen Sie wertvolles Aloe-Gel. Dieses verrühren Sie mit den übrigen Zutaten, um die Feuchtigkeitsmaske zu erhalten.

ANWENDUNG

Tragen Sie die Maske auf die gereinigte, trockene Gesichtshaut auf. Nach etwa 15 Minuten hat die Haut die Wirkstoffe aufgenommen und Sie können überschüssige Maskenreste mit lauwarmem Wasser abspülen.

Arnika (Arnica montana)

Auf wilde Arnika können Sie bei einem Spaziergang über Almwiesen treffen. Dort können die mehrjährigen krautigen Pflanzen zu Stauden von bis zu 60 Zentimetern Höhe heranwachsen. In den goldgelben Blütenköpfen verbergen sich wertvolle Bitter- stoffe und Flavonoide.

STECKBRIEF

BEZEICHNUNG: Arnika

PFLANZENART: mehrjährig
Korbblütengewächs
30 bis 60 cm

WUCHSHÖHE:

BLÜTEZEIT: Juni bis August

ERNTEZEIT: Blüten: Juni bis August
Wurzeln: Oktober

WICHTIG

Die Arnika steht unter Naturschutz und darf in freier Natur nicht gesammelt werden.

Wenn Sie die in diesem Buch vorgestellten Rezepte ausprobieren möchten, müssen Sie die Pflanze also im eigenen Garten selbst anbauen. Da Arnika Rhizome bildet und sich stark ausbreitet, hat eine Kultivierung im Kübel große Vorteile gegenüber der im Gartenbeet. Die Pflanzen reagieren allerdings empfindlich auf Kalk. Deshalb sollte das Substrat mit Tannennadeln, Humus oder Urgesteinmehl versetzt und damit angesäuert werden.

<table>
<tr><td>

INHALTSSTOFFE:

- ätherische Öle
- Gerbstoffe
- Bitterstoffe
- Cholin
- Azulen
- Thymol
- Kalzium
- Karotin

</td><td>

EIGENSCHAFTEN:

- kräftigend
- entzündungshemmend
- blutstillend
- kreislaufanregend
- magenstärkend
- verdauungsfördernd
- schweißtreibend
- unterstützt die Heilung äußerer Wunden

</td></tr>
</table>

BESONDERHEITEN

Arnika ist winterfest. Die oberirdischen Triebe sterben im Herbst ab. Aus den Rhizomen erfolgt im Frühling der neue Austrieb. Geben Sie etwas Torf ins Gießwasser, lässt sich ein Anstieg des pH-Wertes vermeiden und der Boden bleibt im sauren Bereich. Den gleichen Effekt erzielen Sie mit Apfelessig.

VERWENDUNG
UMSCHLAG

ZUTATEN

- 1 EL getrocknete Arnikablüten
- 200 ml kochendes Wasser

HERSTELLUNG

Geben Sie die getrockneten Blüten in ein Trinkgefäß und übergießen Sie sie mit dem kochenden Wasser. Nach zehn Minuten seihen Sie den fertigen Tee ab.

ANWENDUNG

Gurgeln Sie nach jeder Mahlzeit fünf bis zehn Minuten mit warmem Arnikatee, um Entzündungen im Mund- und Rachenraum zu lindern.

Bei stumpfen Hautverletzungen helfen Umschläge mit Arnikatee. Tränken Sie dafür ein Leinentuch mit der Flüssigkeit und legen Sie die Kompresse für etwa eine Viertelstunde auf.

Schwarze Aroniabeere (Aroniae fructus)

Aroniabeeren stammen aus dem Norden Amerikas und sind erst in den letzten Jahren als Powerfrüchte in unseren Breiten bekannt geworden. Bereits die Ureinwohner Nordamerikas schätzten Aroniabeeren und legten sich damit einen Wintervorrat an Vitaminen an. Die Pflanzen sind ausgesprochen genügsam und ihre dunkelvioletten Beeren reifen im Spätsommer heran. Nicht minder attraktiv ist die Aroniablüte im Mai.

STECKBRIEF

BEZEICHNUNG: Aronia,
schwarze Apfelbeere,
Baumheidelbeere,
schwarze Eberesche

PFLANZENART: mehrjährig
Strauch
Rosengewächs

WUCHSHÖHE: zwei bis vier Meter

BLÜTEZEIT: Mai

ERNTEZEIT: Früchte: August bis
September

Die Aronia ist ein Flachwurzler. Daher ist für ein gutes Wachstum die Substratqualität unmittelbar an der Oberfläche entscheidend. Wenn Sie den Aroniastrauch nicht im Garten kultivieren möchten, können Sie ihn auch im Kübel anpflanzen. Breite, flache Pflanzgefäße kommen den Bedürfnissen der Pflanze dabei am besten entgegen.

GUT ZU WISSEN

Gut zu wissen: Aroniabeeren schmecken auch Vögeln und Waldtieren.

INHALTSSTOFFE:

- Folsäure
- Gerbstoffe
- Niacin
- Riboflavin
- Eisen
- Jod
- Vitamin C
- Vitamin E
- Vitamin K

EIGENSCHAFTEN:

- vitaminreich
- regt den Stoffwechsel an

BESONDERHEITEN

Die Aronia trägt nicht umsonst die Bezeichnung Apfelbeere. Schneiden Sie eine Beere durch, offenbart sich ein Innenleben, welches sofort an einen Apfel im Miniformat denken lässt.

VERWENDUNG

SIRUP

ZUTATEN

- 1 kg Aroniabeeren
- 500 g weißer Kandiszucker
- Saft einer Bio-Zitrone
- 1 Vanilleschote

HERSTELLUNG

Waschen Sie die frisch geernteten Früchte und geben Sie sie in einen Topf. Dort zerdrücken Sie sie leicht, sodass ein Mus entsteht, den Sie im Anschluss durch ein feines Sieb passieren. Fangen Sie den entstandenen Saft auf – es sollten etwa 600 Milliliter sein. Kochen Sie diesen nun mit dem Kandiszucker und dem Zitronensaft auf und lassen Sie die Flüssigkeit kochen, bis sich der Zucker vollständig aufgelöst hat. Füllen Sie den Sirup in gut verschließbare Flaschen und bewahren Sie ihn im Kühlschrank auf.

ANWENDUNG

Geben Sie bei Bedarf etwas Sirup in ein Schälchen Joghurt, eine Tasse Tee oder ein Glas Mineralwasser.

WIRKUNG

Aroniasirup mobilisiert die Abwehrkräfte.

Echter Baldrian (Valeriana officinalis)

Der Baldrian zählt zu den bekanntesten heimischen Wildpflanzen. Die mehrjährigen, krautigen Pflanzen beeindrucken mit ihren bis zu einem Meter langen Stängeln und weißen oder rosa Blüten. Damit ist Baldrian nicht nur als Heilkraut interessant, sondern weiß auch als attraktive Gartenpflanze zu überzeugen. Baldrian gilt als beliebte Bienenweide und wird in manchen Ländern als Gewürz verwendet.

STECKBRIEF

BEZEICHNUNG: Baldrian, Dreifuß, Augenwurz, Elfenkraut, Mondwurz, Katzenwurz

PFLANZENART: mehrjährig Geißblattgewächs

WUCHSHÖHE: 0,5 bis 1,5 Meter

BLÜTEZEIT: Juni bis August

ERNTEZEIT: Blüten: Juli bis August

Wurzeln: Oktober

Baldrian ist in ganz Europa heimisch. Verwilderte Bestände wurden zudem in Asien und Australien entdeckt. Das Kraut ist eine recht anspruchslose Gartenpflanze. Allein auf sandi- gen Böden gedeihen die Pflanzen weniger gut. Vermischen Sie die Erde mit Kompost, um ein optimales Wachstum zu er- reichen. Soll Baldrian nur auf einer kleinen Fläche angebaut werden, reicht auch herkömmliche Blumenerde.

WICHTIG

Wenn Sie Baldrian trocknen, achten Sie auf Ihre Katzen, falls Sie welche haben. Die in der Pflanze enthaltene Isovaleriansäure verströmt einen Geruch, der besonders auf Kater eine anziehende Wirkung ausübt.

ANBAU UND PFLEGE

INHALTSSTOFFE:

- ätherische Öle
- Gerbstoffe
- Alkaloide
- Glykoside
- Valepotriate

EIGENSCHAFTEN:

- nervenstärkend
- beruhigend
- schmerzstillend
- krampflösend
- blutdrucksenkend
- schlaffördernd

BESONDERHEITEN

Die Ernte der Wurzel lohnt erst im zweiten Jahr nach der Pflanzung. Sie können jedoch von Anfang an die Blüten sammeln. Ihre Wirkung ist der der Baldrianwurzel ähnlich. Baldrian wurzelt flach und kann daher keine Feuchtigkeit aus tieferen Bodenschichten aufnehmen. Längere Trockenheit führt deshalb zum Absterben der Pflanze.

VERWENDUNG
WEIN

ZUTATEN

- 2 bis 3 Baldrianwurzeln
- 1 l Weißwein
- optional Honig
- optional frische Melisse

HERSTELLUNG

Reinigen Sie die Baldrianwurzeln vor der Verwendung gründlich. Geben Sie sie anschließend in einen Topf und füllen Sie diesen mit dem Weißwein auf. Erhitzen Sie die Mischung leicht, bringen Sie sie aber keinesfalls zum Kochen. Filtern Sie nun alles, wobei die Baldrianwurzeln gut ausgedrückt werden sollten, um möglichst viele Wirkstoffe in der Flüssigkeit zu bewahren. Wenn Sie den Wein süßer mögen, geben Sie etwas Honig dazu. Außerdem können Sie das Getränk mit frischen Melissenblättern aufwerten. Dann füllen Sie die Mischung in gut verschließbare Flaschen und stellen diese für drei bis vier Wochen an einen sonnigen Standort.

ANWENDUNG

Trinken Sie täglich ein Likörglas voll Baldrianwein.

WIRKUNG

Der Wein wirkt beruhigend und hilft bei Erschöpfung und nervlicher Überanstrengung.

Bärlauch (Allium ursinum)

Der „wilde Knoblauch" – wie Bärlauch auch genannt wird – erweist sich als unkomplizierter Frühblüher. Die mehrjährigen Pflanzen kommen in Europa häufig vor. Sie bevorzugen den kühlen Schatten in Rotbuchenwäldern. Für die Kultivierung im Garten erweist sich Bärlauch als dankbare Anfängerpflanze.

STECKBRIEF

BEZEICHNUNG: Bärlauch, Wurmlauch, Hexenzwiebel, Waldknoblauch

PFLANZENART: mehrjährig Amaryllisgewächs

WUCHSHÖHE: bis 30 cm

BLÜTEZEIT: April bis Mai

ERNTEZEIT: Blätter: Februar bis März

Zwiebeln: August bis September

ACHTUNG

Bärlauch kann leicht mit Maiglöckchen, Herbstzeitlose oder Aronstab verwechselt werden, die allesamt giftig sind. Setzen Sie daher diese Pflanzen im Beet keinesfalls direkt neben Bärlauch, um Irrtümer beim Ernten zu vermeiden.

Eine Sage berichtet davon, wie Bärlauch zu seinem Namen kam. So sollen Bären sich nach dem Winterschlaf mit der vitaminreichen Pflanze gestärkt haben. Vermutlich haben aber die alten Germanen die Bezeichnung aufgrund der „Bärenkräfte", die ihnen die Pflanze verlieh, gewählt.

INHALTSSTOFFE:

- ätherische Öle
- Allicin
- Fructosane
- Vitamin C
- Eisen
- Adenosin

EIGENSCHAFTEN:

- reinigend
- wurmabtötend
- harntreibend
- blutdrucksenkend
- antiseptisch
- anregend

BESONDERHEITEN

Die Blätter sollten möglichst frisch verwendet werden.
Klein geschnittene Bärlauchblätter können aber auch
eingefroren werden. Eine Besonderheit von Bärlauch ist
der hohe Gehalt an Adenosin, der den von Knoblauch
um das Zwanzigfache übertrifft. Adenosin besitzt eine
gefäßerweiternde Wirkung und kann bei Durchblutungs-
störungen und Migräne helfen.

VERWENDUNG
UMSCHL AG

ZUTATEN

- 2 bis 3 Handvoll frische Bärlauchblätter

HERSTELLUNG

Verarbeiten Sie die Bärlauchblätter so frisch wie möglich, also am besten direkt nach
der Ernte. Zunächst werden sie gewaschen, dann zerdrückt und gehackt. So entsteht ein
Pflanzenbrei, den Sie in ein Leinen- oder Baumwolltuch einschlagen.

ANWENDUNG

Der Bärlauchumschlag wird für fünf bis zehn Minuten auf die betroffene Hautstelle auf-
gelegt. Wiederholen Sie die Anwendung mehrmals täglich.

WIRKUNG

Bärlauch hat eine entzündungshemmende Wirkung und hilft bei Abszessen und
Furunkeln.

Basilikum (Ocimum basilicum)

Basilikum ist ein unverzichtbarer Teil der Kräuterküche. Mit diesem Kraut werden vor allem Nudelsaucen und Tomatengerichte verfeinert. Die krautigen, einjährigen Pflan- zen können ab März in Pflanztöpfe ausgesät und sollten mit nährstoffreicher Erde versorgt werden.

STECKBRIEF

BEZEICHNUNG: Basilikum, Bienenkraut, Pfefferkraut

PFLANZENART: einjährig

Lippenblütengewächs

WUCHSHÖHE: 50 bis 90 cm

BLÜTEZEIT: Juli bis September

ERNTEZEIT: Blätter: April bis Juni

TIPP

Schneiden Sie Basilikum regelmäßig zurück. Dies fördert die Verzweigung und verzögert die Blüte. Damit verlängert sich die Erntezeit, denn die Blätter sollten vor der Blüte verwendet werden, da sie mit Beginn der Blüte hart werden und einen bitteren Geschmack bekommen.

Basilikum stammt aus Indien und wird dort seit Jahrhunderten genutzt. Im Mittelalter fand das Kraut seinen Weg in deutsche Klostergärten. Heute erfolgt der kommerzielle Anbau meist in Gewächshäusern. Damit sich die Pflanzen gut entwickeln, müssen sie regelmäßig gegossen werden. Basilikum benötigt eine gleichmäßige Bodenfeuchte und reagiert empfindlich auf Staunässe.

INHALTSSTOFFE:

* ätherische Öle
* Gerbstoffe
* Kampfer
* Lineol

EIGENSCHAFTEN:

* krampflösend
* verdauungsfördernd
* entzündungshemmend
* hustenstillend
* potenzstärkend
* antiseptisch

BESONDERHEITEN

In Indien wird Basilikum als Königskraut bezeichnet. Indisches Basilikum schmeckt intensiv nach Piment und Anis.

VERWENDUNG
MUNDSPÜLUNG

ZUTATEN

* 1 Handvoll getrocknetes Basilikum
* 0,25 l kochendes Wasser

HERSTELLUNG

Geben Sie das getrocknete Basilikum in ein Gefäß und übergießen Sie es mit dem kochenden Wasser. Lassen Sie die Mischung etwa zwanzig Minuten ziehen und seihen Sie den Sud anschließend ab.

ANWENDUNG

Spülen Sie bei Bedarf den Mund mehrere Minuten lang gründlich mit der Lösung aus. Sie können die Anwendung mehrmals täglich wiederholen.

WIRKUNG

Die Spülung hilft allgemein gegen Mundgeruch, zeigt aber auch bei Entzündungen im Mundraum Wirkung.

Beifuß (Artemisia vulgaris)

Der Beifuß gehört zur artenreichen Familie der Korbblütengewächse. Das Kraut eignet sich optimal als Anfängerpflanze im Heilpflanzengarten, denn es benötigt nur wenig Pflege. In der freien Natur wächst Beifuß bevorzugt auf Wiesen und Feldern, aber auch an Bahndämmen und anderen unwirtlichen Standorten kann sich dieses Heilkraut behaupten.

STECKBRIEF

BEZEICHNUNG: Beifuß, Stabkraut, Gänsekraut, Besenkraut

PFLANZENART: mehrjährig Korbblütengewächs

WUCHSHÖHE: 50 bis 150 cm

BLÜTEZEIT: Juli bis August

ERNTEZEIT: Blätter: Juni
Wurzeln: Spätherbst

INTERESSANT

Die Bezeichnung Beifuß rührt von der Verwendung des Krautes gegen müde Beine her. Früher ging selten ein Wanderer aus dem Haus, ohne sich ein Blatt Beifuß in jeden Schuh gelegt zu haben.

Beifuß ist auf der Nordhalbkugel weit verbreitet und lässt sich problemlos im Garten oder im Kübel kultivieren. Für den Anbau im Pflanzgefäß ist allerdings eine gute Drainage wichtig, denn mit Staunässe kommen die Pflanzen nicht zurecht. Die Bedeutung des Krauts als Heilpflanze reicht bis ins Altertum zurück.

INHALTSSTOFFE:

- ätherische Öle
- Gerbstoffe
- Inulin
- Bitterstoffe
- Vitamin A
- Vitamin B
- Vitamin C

EIGENSCHAFTEN:

- verdauungsfördernd
- magenstärkend
- appetitanregend
- beruhigend

BESONDERHEITEN

In der Naturheilkunde wird Beifuß als Basiskraut betrachtet und wurde früher aufgrund seiner wehenfördernden Eigenschaften sogar in der Geburtshilfe eingesetzt.

VERWENDUNG
FUSSBAD

ZUTATEN

- 5 Handvoll frisches Beifußkraut
- 3 l Wasser

HERSTELLUNG

Zerkleinern Sie das Beifußkraut und geben Sie es in einen Topf. Gießen Sie das Wasser dazu, bringen Sie es zum Kochen und lassen Sie den Sud etwa zehn Minuten köcheln. Anschließend seihen Sie ihn ab.

ANWENDUNG

Lassen Sie den Sud etwas abkühlen und baden Sie dann Ihre Füße für mindestens zwanzig Minuten darin. Sorgen Sie mit dicken Socken dafür, dass Ihre Füße anschließend nicht auskühlen.

WIRKUNG

Das Beifußbad wärmt den Körper nach einer Unterkühlung rasch wieder auf. Damit können Sie Erkältungen und Blasenentzündungen vorbeugen.

Große Brennnessel (Urtica dioica)

Die Brennnessel wird seit der Antike als Heilkraut verwendet und sollte deshalb nicht länger als Unkraut verkannt werden. Die bis zu 1,20 Meter hochwachsenden Pflan- zen kennzeichnet ein vierkantiger Stängel, der mit unzähligen Brennhaaren besetzt ist. Die kleinen Härchen sitzen auch auf den grob gezahnten Blättern. In den Blatt- achseln zeigen sich hingegen die gelbgrünen, eher unscheinbaren Blüten.

STECKBRIEF

BEZEICHNUNG: Brennnessel, Hanfnessel, Donnernessel

PFLANZENART: mehrjährig Nesselgewächs

WUCHSHÖHE: bis 120 cm

BLÜTEZEIT: Juni bis September

ERNTEZEIT: Blätter, Wurzeln: März bis Oktober Samen: Oktober

GUT ZU WISSEN

Mehr als 100 Tierarten sind auf die Brennnessel als Futterpflanze angewiesen. So ernähren sich der Kleine Fuchs, das Tagpfauenauge und andere Schmetterlingsarten beinahe ausschließlich vom Nektar dieser Pflanze.

Brennnesseln sind auf der Nordhalbkugel weit verbreitet. Neben ihrer Verwendung als Heilpflanze bietet die Herstellung von Brennnesseljauche weitere Anwendungsmög- lichkeiten dieses vielseitigen Krautes. Denn der Sud ist ein optimales Stärkungsmittel für viele Pflanzen und ersetzt damit chemische Produkte. Sie können die Jauche selbst ansetzen. Gießen Sie dafür einen halben Eimer voll Brennnesselblätter mit Wasser auf und lassen Sie die Mischung etwa zehn Tage an einem sonnigen Standort ziehen.

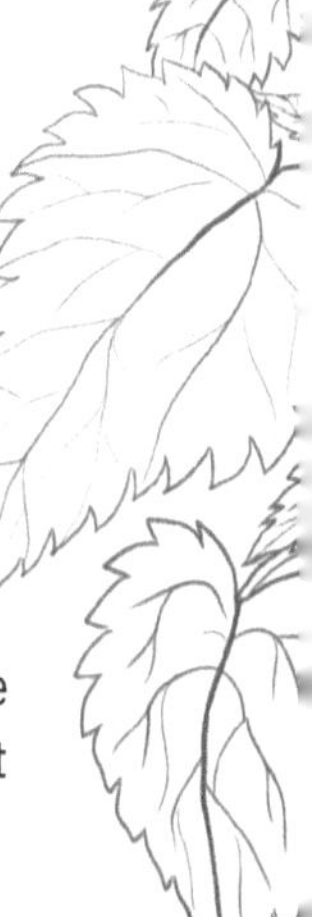

INHALTSSTOFFE	EIGENSCHAFTEN:
: • Gerbstoffe	• entwässernd
• Essigsäure	• harntreibend
• Kieselsäure	• blutstillend
• Kalium	• blutreinigend
• Magnesium	• schleimlösend
• Ameisensäure	• blutzuckersenkend
• Vitamin B	

BESONDERHEITEN

Beim Berühren der Blätter brechen die feinen Härchen und geben eine ameisensäurehaltige Flüssigkeit ab. Um Rötungen und Bläschen auf der Haut zu vermeiden, tragen Sie beim Sammeln deshalb unbedingt Handschuhe.

VERWENDUNG
HA ARTONIKUM

ZUTATEN

- 500 g frische Brennnesselwurzeln
- 700 ml Weinessig
- 1 l Wasser

HERSTELLUNG

Hacken Sie die Wurzelstücke klein und geben Sie sie zusammen mit dem Wasser und dem Weinessig in einen Topf. Bringen Sie die Mischung zum Kochen und lassen Sie sie mindestens eine halbe Stunde lang köcheln. Entfernen Sie anschließend die Wurzelstückchen und füllen Sie die Tinktur in möglichst dunkle und gut verschließbare Flaschen.

ANWENDUNG

Massieren Sie das Tonikum zweimal wöchentlich mehrere Minuten lang gut in die Kopfhaut ein.

WIRKUNG

Das Haartonikum hilft bei Haarausfall und Schuppen. Damit sich eine Wirkung einstellt, sollte das Mittel regelmäßig über einen Zeitraum von mindestens drei Wochen angewendet werden.

Frauenmantel (Alchemilla)

Seine an die Falten eines Mantels erinnernden Blätter gaben dem Frauenmantel seinen Namen. Das mehrjährige, krautige Gewächs kommt auf Wiesen und Grasflächen bis in Höhen von 2.000 Metern vor. Die Blüten der aparten Pflanze sind bei Tag und Nacht geöffnet und ziehen zahlreiche Insekten an. Das Kraut kann bis zu fünfzig Zentimeter in die Höhe wachsen und hat rundliche Blätter, die auf der Unterseite behaart sind.

STECKBRIEF

BEZEICHNUNG: Frauenmantel, Frauentrost, Weiberkittel, Jungfernkraut Milchkraut

PFLANZENART: mehrjährig Rosengewächs

WUCHSHÖHE: 30 bis 50 cm

BLÜTEZEIT: Mai bis September

ERNTEZEIT: Kraut, Blüten: Mai bis September

Frauenmantel ist in Europa und Asien heimisch. In der Natur kommt die Pflanze auf sonnigen Feuchtwiesen oder in Hanglagen vor. Setzen Sie den Frauenmantel bevorzugt im Frühling ins Kräuterbeet. In einer Gruppenpflanzung mit anderen Heilkräutern kommt er besonders gut zur Geltung.

TIPP

Das Rosengewächs ist eine optimale Begleitpflanze für Rosen und wertet den Heilpflanzengarten mit seinem reizvollen Aussehen auch optisch auf.

INHALTSSTOFFE:

- ätherische Öle
- Gerbstoffe
- Bitterstoffe
- Saponine
- Tannine

EIGENSCHAFTEN:

- harntreibend
- entzündungshemmend
- magenstärkend
- blutreinigend
- leicht schmerzstillend

BESONDERHEITEN

Schnecken meiden den Frauenmantel. Er kann daher als natürliches Schädlingsbekämpfungsmittel eingesetzt werden.

VERWENDUNG

GESICHTSMILCH

ZUTATEN

- 1 Handvoll frische Frauenmantelblätter
- 250 ml Vollmilch

HERSTELLUNG

Kochen Sie die Frauenmantelblätter zusammen mit der Milch auf und lassen Sie die Mischung etwa zwanzig Minuten köcheln. Anschließend filtrieren Sie die Lösung und füllen sie in eine möglichst dunkle Flasche. Bewahren Sie die Gesichtsmilch im Kühlschrank auf.

ANWENDUNG

Tupfen Sie bei Bedarf das Gesicht mehrmals täglich sanft mit der Milch ab.

WIRKUNG

Die Milch verleiht der Haut ein samtiges und ebenmäßiges Erscheinungsbild. Sommersprossen fallen weniger auf und kleinere Hautirritationen verblassen sichtlich.

Gundelrebe (Glechoma hederacea)

Der Gundermann diente bereits den alten Germanen zu Heilzwecken. Doch seitdem ist das Kraut in Vergessenheit geraten. Dabei hat es zahlreiche wertvolle Inhaltsstoffe. Die Unbeliebtheit rührt unter anderem daher, dass beim Zerreiben der Pflanze ein unangenehmer Geruch entsteht. Ein weiterer Grund dafür, dass Gundermann keine sonderlich beliebte Gartenpflanze ist, ist das Rhizomsystem des Gewächses, welches für eine großflächige Ausbreitung sorgen kann, wenn Sie ihm nicht mit einer Wurzel- sperre begegnen.

STECKBRIEF

BEZEICHNUNG: Gundelrebe, Gundermann, Erdefeu, Katzenminze

PFLANZENART: mehrjährig Lippenblütengewächs

WUCHSHÖHE: 20 cm

BLÜTEZEIT: April bis Juni

ERNTEZEIT: Kraut: April bis Juni

INTERESSANT

Gundermann ist reich an Vitamin C und wurde aufgrund seines Geschmacks einst als „Soldatenpetersilie" bezeichnet.

Gundermann blüht früh im Jahr und zeigt dann seine violetten, gezahnten Blüten. Die recht anspruchslose Pflanze besiedelt von Europa bis Japan ein breites Einzugsgebiet. Die Pflanzen bevorzugen einen sonnigen Standort und benötigen ausreichend Nährstoffe.

INHALTSSTOFFE:

- ätherische Öle
- Gerbstoffe
- Bitterstoffe
- Kalium
- Zucker
- Saponine
- Vitamin C

EIGENSCHAFTEN:

- entzündungshemmend
- krampflösend
- schleimlösend
- antibakteriell
- auswurffördernd

BESONDERHEITEN

Die Bezeichnung Gundermann bezieht sich auf die veraltete Bezeichnung „Gund"
für Eiter aufgrund der Anwendung des Krautes bei eitrigen Wunden.

VERWENDUNG
NASENTROPFEN

ZUTATEN

- 1 TL frisches Gundermannkraut
- 2 TL frische Salbeiblätter
- 0,5 TL Meersalz
- 0,5 l Wasser

HERSTELLUNG

Kochen Sie das Wasser mit dem Meersalz auf und fügen Sie anschließend die Heil-
kräuter hinzu. Nehmen Sie die Mischung vom Herd und lassen Sie sie etwa zwanzig
Minuten ziehen. Anschließend filtrieren Sie die Flüssigkeit und füllen die Lösung in eine
Pipettenflasche.

ANWENDUNG

In der ersten Woche wenden Sie die Nasentropfen bis zu fünfmal täglich an. In der
zweiten Woche reduzieren Sie das auf dreimal täglich. Bessern sich die Beschwerden,
nehmen Sie die Tropfen nach Bedarf.

WIRKUNG

Die Nasentropfen helfen besonders gut bei Heuschnupfen.

Hagebutte (Rosa canina)

Die Früchte der auch Hundsrose genannten Pflanze sind wahre Vitaminbomben und werden gern in Form von Tee, Marmelade und Gelee konsumiert. Hagebutten wachsen an einem holzigen Strauch mit stacheligen Ästen und Blättern mit gezähntem Rand. Die Blüten erstrahlen in Weiß oder Rosa. Mit ihren birnenförmigen knallroten Früchten setzt die Hagebutte willkommene Farbakzente im Herbstgarten. Die Pflanze bietet Insekten, Vögeln und Kleinsäugern Nahrung und Unterschlupf.

STECKBRIEF

BEZEICHNUNG:	Hagebutte, Heckenrose, Hagedorn, Hundsrose
PFLANZENART:	mehrjährig Rosengewächs
WUCHSHÖHE:	bis drei Meter
BLÜTEZEIT:	Juni
ERNTEZEIT:	Blüten: Juni
	Früchte: September bis November

Hagebutten sind in Europa, Asien und Nordafrika heimisch und können bis zu drei Meter hohe Hecken entstehen lassen. Besonders im Norden Deutschlands ist die Heckenrose als Gartenpflanze beliebt, denn Hagebutten bevorzugen einen sandigen Boden.

INTERESSANT

Einst glaubten die Menschen, die Früchte würden gegen die Bisse tollwütiger Hunde helfen.

INHALTSSTOFFE:	EIGENSCHAFTEN:

- ätherische Öle
- Gerbstoffe
- Flavonoide
- Pektine
- Fruchtsäuren
- Vitamin A
- Vitamin B1
- Vitamin B2
- Vitamin C
- Vitamin K

- harntreibend
- schweißtreibend
- adstringierend

BESONDERHEITEN

Hagebutten wachsen gern in die Breite, weswegen Pflanzabstände
von zwei bis vier Metern eingehalten werden sollten.

VERWENDUNG
GESICHTSMASKE

ZUTATEN

- 1 Handvoll frische Hagebutten

HERSTELLUNG

Waschen Sie die Hagebutten und befreien Sie sie von den Kernen. Pürieren Sie sie anschließend gut durch, sodass eine feincremige Masse entsteht.

ANWENDUNG

Tragen Sie die Masse großzügig auf die Gesichtshaut auf und lassen Sie sie eine
Stunde lang einwirken.

WIRKUNG

Die Haut erhält einen Vitaminschub, Falten werden geglättet, Pigmentflecken aufgehellt.

Ingwer (Zingiber officinale)

Ingwer zählt zu den ältesten und beliebtesten Gewürzen der chinesischen und indonesischen Küche. Es wird berichtet, dass bereits Konfuzius regelmäßig Ingwer zu sich nahm. Die scharfe Knolle ist zudem ein unverzichtbarer Helfer in der Traditionellen Chinesischen Medizin. Und auch in unseren Gefilden ist längst bekannt: Ingwertee wärmt den Körper und stärkt die Abwehrkräfte.

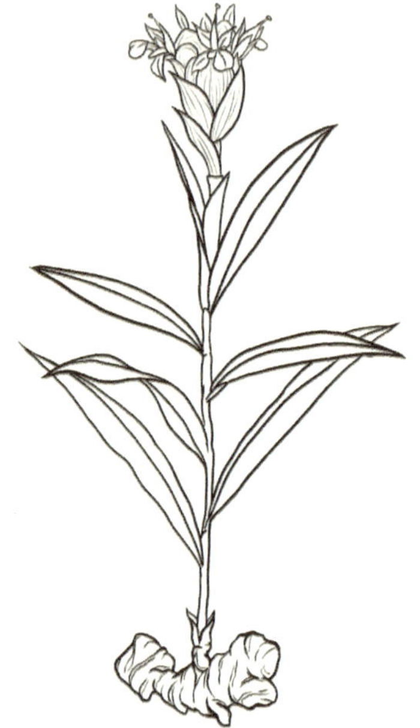

STECKBRIEF

BEZEICHNUNG: Ingwer, Imber, Immerwurzel, Ginger

PFLANZENART: mehrjährig
Ingwergewächs
Tropenpflanze

WUCHSHÖHE: bis 60 cm

BLÜTEZEIT: Juli

ERNTEZEIT: Rhizome: ganzjährig, sobald die Blätter welken

GUT ZU WISSEN

Wird Ingwer mit Knoblauch kombiniert, macht dies die scharfen Knollen bekömmlicher.

Ingwer stammt aus Südasien und kann Wuchshöhen von bis zu sechzig Zentimetern erreichen. Als Zutat verwendet werden die Rhizome, welche auch ganzjährig im Handel erhältlich sind. Sie können Ingwer aber ebenso auf der Fensterbank anbauen. Setzen Sie einige der Wurzelteilstücke in einen mit Pflanzerde gefüllten Topf. Sie sollten dabei nicht komplett mit Erde bedeckt werden. Wenn Sie nun regelmäßig gießen, wächst mit etwas Glück aus jedem Teilstück eine neue Pflanze.

Die Wurzelstücke halten sich länger, wenn Sie sie im Kühlschrank aufbewahren und in ein feuchtes Tuch einschlagen.

| INHALTSSTOFFE | EIGENSCHAFTEN: |

- : • Gingerol
- Shogaol
- Borneol
- Vitamin C
- Magnesium
- Eisen
- Kalium
- Natrium
- Phosphor

- entzündungshemmend
- galletreibend
- schmerzstillend
- verdauungsfördernd

BESONDERHEITEN

Ingwer kann Brechreiz vorbeugen und ist deshalb das Mittel der Wahl bei Reiseübelkeit. Bestehendes Erbrechen kann durch Ingwer jedoch nicht gelindert werden.

VERWENDUNG
KANDIERTER INGWER

ZUTATEN

- 1 kg frischer Ingwer
- 8 Tassen brauner Zucker
- ca. 2,5 l Wasser
- Salz

HERSTELLUNG

Schälen Sie den Ingwer und schneiden Sie ihn in mundgerechte Stücke oder Streifen. Bringen Sie in einem Topf etwa einen halben Liter Wasser zum Kochen und geben Sie die Ingwerstücke hinein. Lassen Sie das Ganze etwa eine Viertelstunde köcheln. Schütten Sie anschließend das Wasser ab und erwärmen Sie danach den abgetropften Ingwer mit zwei Litern Wasser, dem Zucker und etwas Salz unter Rühren so lange, bis eine klebrige Masse entsteht. Reduzieren Sie die Temperatur und lassen Sie alles bei niedriger Temperatur weiterkochen, bis das Wasser fast gänzlich verdampft ist. Bestreuen Sie nun ein Backblech mit etwas Zucker und wälzen Sie die Ingwerstücke darin. Lassen Sie sie anschließend auskühlen. Bewahren Sie den kandierten Ingwer in einem gut verschließbaren Gefäß auf.

ANWENDUNG & WIRKUNG

Ingwer wirkt gegen Reiseübelkeit. Nehmen Sie daher auf Reisen immer eine kleine Dose davon mit und kaufen Sie bei Bedarf ein Stück.

Echtes Johanniskraut (Hypericum perforatum)

Johanniskraut ist auf Magerwiesen und an Wegrändern bis auf 1.000 Meter Seehöhe anzutreffen. Die goldgelben Blüten des Gewächses sind eine Bereicherung für das Gartenbild. An den ovalen Blättern der Pflanze sind Öldrüsen als durchscheinendes Blattgeflecht erkennbar. Der rötliche Pflanzensaft wird Johannisblut genannt.

STECKBRIEF

BEZEICHNUNG: Johanniskraut, Blutkraut, Löcherkraut

PFLANZENART: mehrjährig Johanniskrautgewächs

WUCHSHÖHE: bis ein Meter

BLÜTEZEIT: Juni bis August

ERNTEZEIT: Blüten, Blätter: Juni bis August

Johanniskraut ist in Europa weit verbreitet und kann pro- blemlos im Garten kultiviert werden. Die Pflanzen benöti- gen wenig Pflege. Lediglich eine komplette Austrocknung sollte verhindert werden. Gesammelt werden Knospen, Blü- ten und Zweigspitzen.

INTERESSANT

Johanniskraut wurde früher als Färberpflanze verwendet, um Naturfasern in Verbindung mit Chrom rotbraun zu färben.

INHALTSSTOFFE:

* Gerbstoffe
* Flavonoide
* Hypericin
* Rutin
* Cholin

EIGENSCHAFTEN:

* entzündungshemmend
* wundheilend
* beruhigend
* magenstärkend

BESONDERHEITEN

Der in Johanneskraut enthaltene Farbstoff Hypericin kann die Haut besonders lichtempfindlich werden lassen. Meiden Sie daher übermäßige Sonnenbäder und Solariengänge, wenn Sie Johanniskraut einnehmen. Beachtet werden sollten auch die nachgewiesenen Wechselwirkungen mit der Anti-Baby-Pille. Es kann zu Zwischenblutungen kommen und die Wirkung der Pille nimmt ab.

VERWENDUNG

HA ARFÄRBEMIT TEL

ZUTATEN

* 1 Handvoll getrocknete Johanniskrautblätter
* ca. 0,25 l heißes Wasser
* Zitronensaft

HERSTELLUNG Geben Sie die Blätter in eine Schüssel und pulverisieren Sie sie mit den Händen. Gie-
ßen Sie nun heißes Wasser dazu, bis die Masse eine pastenartige Konsistenz annimmt. Die Beschaffenheit sollte der von Zahnpasta ähneln, dann lässt sich die Paste gut in die Haare einmassieren.

ANWENDUNG

Tragen Sie das Haarfärbemittel großzügig auf Ihre Haare auf und lassen Sie es 30 bis 45 Minuten einwirken. Anschließend spülen Sie die Haare gut aus und fixieren die Farbe mit etwas Zitronensaft.

WIRKUNG

Dieses natürliche Haarfärbemittel verleiht ungefärbten Haaren einen leichten Rotschimmer und lässt die natürliche Haarfarbe intensiver erscheinen. Das Mittel ist ideal, wenn Sie chemische Haarfarbe nicht vertragen oder nicht anwenden möchten.

Knoblauch (Allium sativum)

Knoblauch wird nicht nur in der mediterranen Küche überaus gern verwendet, sondern ist auch das wohl beliebteste Heilmittel des Mittelmeerraumes. Das Liliengewächs ist mit Zwiebeln und Lauch verwandt und eine alte Kulturpflanze. Ursprünglich stammt die heilende Knolle aus Zentralasien, kommt heute aber weltweit vor.

STECKBRIEF

BEZEICHNUNG: Knoblauch, Knofel, Gruserich, Rockambolle

PFLANZENART: mehrjährig, bei uns einjährig Liliengewächs

WUCHSHÖHE: bis ein Meter

BLÜTEZEIT: Juli bis August

ERNTEZEIT: Knollen: Juni, September bis Oktober

INTERESSANT

Im Osten Europas gilt Knoblauch als Schutzpflanze und Universal-Tonikum der Bauern. Außerdem hält Knoblauch im Erdbeerbeet Schädlinge fern und macht die Früchte wunderbar saftig.

Für den typischen Knoblauchgeruch ist Alliin verantwortlich. Der Stoff wird bei Kontakt mit Sauerstoff in Allicin umgewandelt. Stören Sie sich am lästigen Knoblauchgeruch, lassen Zitrone oder Petersilie das unangenehme Aroma schnell verschwinden.

INHALTSSTOFFE:

* ätherische Öle
* Kalium
* Phosphor
* Jod
* Vitamin A
* Vitamin B1
* Vitamin B2
* Vitamin B6
* Vitamin C

EIGENSCHAFTEN:

* antibakteriell
* gerinnungshemmend
* antiseptisch
* blutzuckersenkend
* pilzhemmend

BESONDERHEITEN

Im Herbst gepflanzter Knoblauch kann bereits vor der Blüte geerntet werden, denn die Blüten brauchen einen Teil der Nährstoffe auf.

VERWENDUNG
ÜBERLEBENSBROT

ZUTATEN

* 1 Scheibe
* Vollkornbrot 1
* Knoblauchzehe 1 EL
* frisches Sauerkraut
* Butter Leinöl
* Schnittlauch

TIPP

Sie können auch jedes andere Kraut aus Ihrem Heilpflanzengarten auf dem Überlebensbrot verteilen. Dadurch lässt sich das Rezept abwechslungsreich gestalten.

HERSTELLUNG

Bestreichen Sie das Brot mit Butter und belegen Sie es mit dem frischen Sauerkraut. Schälen Sie die Knoblauchzehe und schneiden Sie sie in Scheiben. Verteilen Sie die Scheiben auf dem Sauerkraut und geben Sie etwas Leinöl und klein geschnittenen Schnittlauch darüber.

ANWENDUNG & WIRKUNG

Essen Sie das Brot, wann immer Sie wollen, – zum Frühstück, zum Abendessen oder als gesunde Zwischenmahlzeit. Zur allgemeinen Kräftigung und Stärkung ist diese Brotscheibe einfach unschlagbar. Das Überlebensbrot enthält ein ausgewogenes Verhältnis an Vitaminen, Ballaststoffen, ungesättigten Fettsäuren und Milchsäurebakterien.

Echter Lavendel (Lavandula angustifolia)

Lavendel als mehrjähriger Halbstrauch ist eine Zierde für jeden Garten. Die Pflanze besitzt aufrechte und feste Stängel, graugrüne, dicht behaarte Blätter und violette, rötliche oder weiße Blüten. Beim Zerreiben der Blüten wird der charakteristische Duft freigesetzt.

STECKBRIEF

BEZEICHNUNG: Lavendel, Narde, Kleiner Speik, Lafengel, Hirnkraut, Zitterblümchen

PFLANZENART: mehrjährig Halbstrauch Lippenblütengewächs

WUCHSHÖHE: 20 bis 60 cm

BLÜTEZEIT: Juli bis August

ERNTEZEIT: Kraut, Blüten: August

Die alte Kulturpflanze aus dem Mittelmeerraum ist uneingeschränkt für die Gartenkultur geeignet.

INTERESSANT

Der Name Lavendel stammt vom Lateinischen „lavare" für „waschen". Denn bereits die alten Römer stellten duftende Badeessenzen aus Lavendel her und nicht umsonst sind in vielen Kleiderschränken Lavendelsäckchen Dauergast, um die Wäsche vor Motten zu schützen.

INHALTSSTOFFE:

- ätherische Öle
- Gerbstoffe
- Cumarin
- Lavanulol
- Geraniol
- Borneol
- Kampfer
- Flavonoide

EIGENSCHAFTEN:

- antiseptisch
- krampflösend
- beruhigend
- hustenstillend
- angstlösend
- verdauungsfördernd

BESONDERHEITEN

Lavendelöl findet in der Kosmetikindustrie Verwendung und dient als Grundstoff für die Parfümherstellung.

VERWENDUNG
BAD

ZUTATEN

- 70 g frische Lavendelblüten
- 3 l Wasser

HERSTELLUNG

Geben Sie die Lavendelblüten zusammen mit dem Wasser in einen Topf, bringen Sie die Mischung zum Sieden und lassen Sie sie zehn Minuten sprudelnd kochen. Anschließend sollte der Sud weitere zehn Minuten ziehen. Seihen Sie ihn dann durch ein Tuch ab.

ANWENDUNG

Geben Sie den noch heißen Sud ins 37 bis 38 Grad warme Badewasser. Nehmen Sie darin etwa zwanzig Minuten lang ein entspannendes Vollbad.

WIRKUNG

Ein Lavendelbad hat beruhigende Wirkung und sollte daher am besten direkt vor dem Schlafengehen genommen werden. Es steigert die Schlafqualität und bringt das Gedankenkarussell bei innerer Unruhe und nervöser Erschöpfung zum Stillstand. Lavendel beruhigt jedoch nicht nur die Nerven, sondern entspannt auch die Muskeln. Das Bad ist daher auch nach sportlichen Aktivitäten ratsam, um einem Muskelkater vorzubeugen.

Ringelblume (Calendula officinalis)

Die Ringelblume zählt zu den ältesten Gartenpflanzen. Die einjährigen Korbblütler besitzen aufrechte Stängel und fein behaarte Blätter.

STECKBRIEF

BEZEICHNUNG: Ringelblume, Goldblume, Wucherblume

PFLANZENART: einjährig Korbblütengewächs

WUCHSHÖHE: 40 bis 60 cm

BLÜTEZEIT: Juni bis September

ERNTEZEIT: Blüten, Blätter: Juni bis September

Die beliebte Zierpflanze stammt aus dem Mittelmeer- raum und kann verwildert auf Feldern und sogar am Straßenrand angetroffen werden. Einst wurde die Ringelblume innerlich angewendet. Heute liegt der Fokus auf der Wundheilung und dem äußerlichen Gebrauch.

GUT ZU WISSEN

Die Ringelblume wird häufig als Alternative zu Arnika verwendet. Sie können die Arnika-Rezepte aus diesem Buch daher auch mit Ringelblume umsetzen. Wird der Hüllkelch verwendet, können Hautreizungen auftreten, ansonsten sind keine Neben- oder Wechselwirkungen bekannt.

INHALTSSTOFFE:

- ätherische Öle
- Harze
- Bitterstoffe
- Schleim
- Gummin
- Saponine
- Flavonoide

EIGENSCHAFTEN:

- schweißtreibend
- abschwellend
- schmerzstillend
- blutstillend
- krampflösend

BESONDERHEITEN

Die orangefarbenen Blütenköpfe bilden auffällig eingerollte Früchte aus. Daher stammt vermutlich auch die Bezeichnung Ringelblume.

VERWENDUNG
HONIG

ZUTATEN

- 4 EL frische Ringelblumenblüten
- 2 EL Honig

HERSTELLUNG Geben Sie die Blüten in einen kleinen Topf. Erwärmen Sie den Honig und gießen Sie
ihn dazu, sodass alle Blüten bedeckt sind. Lassen Sie den Ansatz etwa vier Wochen an einem schattigen Platz ziehen. Streichen Sie den Honig danach durch ein Sieb.

ANWENDUNG

Ringelblumenhonig ist nicht nur ein leckerer Brotaufstrich, sondern kann auch äußerlich angewendet werden. Sie können ihn als Gesichtsmaske auftragen oder zur Beschleunigung der Wundheilung verwenden.

WIRKUNG

Als Gesichtsmaske hilft der Honig bei Hautunreinheiten. Äußerlich angewendet beschleunigt er zudem die Wundheilung. Von innen ist der Ringelblumenhonig bei Verdauungs- und Menstruationsbeschwerden hilfreich.

Sonnenhut (Echinacea angustifolia)

Mit seinen gelben Blütenköpfen sorgt der Sonnenhut für gute Laune bis in den Herbst hinein. Die mehrjährigen krautigen Pflanzen stammen aus Nordamerika und kommen dort auf Feuchtwiesen sowie auf Prärieland vor.

STECKBRIEF

BEZEICHNUNG: Sonnenhut, Igelkopf, Kegelblume

PFLANZENART: mehrjährig Korbblütengewächs

WUCHSHÖHE: 50 bis 100 cm

BLÜTEZEIT: Juni bis September

ERNTEZEIT: Blätter: April bis Mai

Blüten: Juni bis September
Wurzeln: Oktober

INTERESSANT

Die Indianer verwendeten den Sonnenhut früher, um Kopfschmerzen und Schlangenbisse zu kurieren.

Die Verwendung von Sonnenhut als Heilpflanze steckt bei uns noch in den Kinderschuhen. Die Wurzelstöcke können Sie im Herbst ausgraben und in der Sonne oder im Backofen trocknen.

INHALTSSTOFFE:

- ätherische Öle
- Inulin
- Flavonoide
- Zimtsäure

EIGENSCHAFTEN:

- entzündungshemmend
- antiseptisch
- schmerzstillend

BESONDERHEITEN

Sonnenhut stärkt das Immunsystem und fördert die Bildung weißer Blutkörperchen.

VERWENDUNG
GURGELLÖSUNG

ZUTATEN

- 40 g getrocknete Sonnenhutwurzel
- 300 ml Wasser

HERSTELLUNG

Setzen Sie die Wurzeln in kaltem Wasser an und bringen Sie die Mischung anschließend zum Kochen. Lassen Sie sie etwa eine halbe Stunde lang köcheln, bis sich die Flüssigkeit deutlich reduziert hat. Dann seihen Sie die Lösung ab.

ANWENDUNG

Gurgeln Sie zwei- bis dreimal täglich mit fünfzig Millilitern der Lösung.

WIRKUNG

Die Gurgellösung hilft bei Entzündungen im Rachenraum und wirkt entzündungshemmend, auswurffördernd und hustenlindernd.

Spitzwegerich (Plantago lanceolata)

Auch wenn Sie Spitzwegerich vielleicht bislang für Unkraut gehalten haben, Landwirte bauen die heimische Pflanze sogar gezielt an. Spitzwegerich ist an seiner Blatt- rosette gut zu erkennen. Daraus wächst ein kahler Stängel empor.

STECKBRIEF

BEZEICHNUNG: Spitzwegerich, Wundwegerich, Lügenkraut

PFLANZENART: mehrjährig Wegerichgewächs

WUCHSHÖHE: 20 bis 40 cm

BLÜTEZEIT: Mai bis September

ERNTEZEIT: Blüten, Kraut: Mai bis September

Spitzwegerich besitzt einen hohen Schleimgehalt und wird daher häufig als Hustenmittel verwendet. Ernten Sie bevorzugt junge Blätter. Nach dem Rückschnitt treibt die Pflanze neu aus.

GUT ZU WISSEN

Spitzwegerich ist das Mittel der Wahl bei Insektenstichen. Zerkauen Sie die Blätter leicht und geben Sie den Pflanzenbrei direkt auf den Stich.

<table>
<tr><td>

INHALTSSTOFFE:

- Bitterstoffe
- Schleimstoffe
- Aucubin
- Kieselsäure
- Chlorophyll

</td><td>

EIGENSCHAFTEN:

- blutreinigend
- kühlend
- harntreibend
- hustenstillend

</td></tr>
</table>

BESONDERHEITEN

Spitzwegerich enthält mit Aucubin einen Stoff, der Entzündungen hemmt.

VERWENDUNG

HUSTENBONBONS

ZUTATEN

- 200 g frische Spitzwegerichblätter
- 2 EL getrockneter Thymian
- 1 Anisstern
- 50 g Butter
- 1,5 kg brauner Zucker
- 1,5 l Wasser

HERSTELLUNG

Waschen Sie die frisch geernteten Blätter zunächst, aber rubbeln Sie sie nicht trocken, sondern schütteln Sie lediglich das Wasser ab. Zerkleinern Sie die Spitzwegerichblätter anschließend und geben Sie sie mit Thymian und Anis in einen Topf. Füllen Sie das Wasser dazu und lassen Sie das Ganze etwa eine halbe Stunde kochen. Danach gießen Sie die Flüssigkeit durch ein Sieb, um die Pflanzenteile zu entfernen. Geben Sie nun die Butter und den Zucker in den Sud und lassen Sie die Masse so lange einkochen, bis sie eine zähflüssige Konsistenz annimmt. Verteilen Sie sie anschließend zum Erkalten auf einem mit Backpapier ausgelegten Backblech und brechen Sie die fest gewordene Masse in kleine Stücke. Alternativ können Sie kleine Eiswürfelbehälter oder Pralinenformen zum Abfüllen verwenden.

ANWENDUNG & WIRKUNG

Spitzwegerich hilft bei Halsschmerzen und Husten. Lassen Sie bei Bedarf ein Bonbon langsam im Mund zergehen.

KREAKTIVE KRÄUTERKÜCHE - IHRE EIGENEN HEILPFLANZENREZEPTE

Hier haben Sie die Möglichkeit, Ihre eigenen Kreationen festzuhalten und Ihre Erfahrungen mit der Anwendung von Heilpflanzen zu dokumentieren. Nutzen Sie diese Seiten, um Ihre Lieblingsrezepte zu archivieren und neue Ideen zu entwickeln. Lassen Sie Ihrer Kreativität freien Lauf und experimentieren Sie mit verschiedenen Pflanzen, Zubereitungsmethoden und Dosierungen.

LEITFADEN FÜR DIE REZEPTNOTIZEN

1. **Pflanze(n):** Notieren Sie den Namen der verwendeten Heilpflanze(n) und, wenn möglich, deren botanischen Namen.
2. **Teile der Pflanze:** Geben Sie an, welche Teile der Pflanze verwendet wurden, z. B. Blätter, Blüten, Wurzeln oder Samen.
3. **Zutaten:** Geben Sie an, welche Zutaten Sie für das Rezept verwendet haben. Vergessen Sie dabei nicht anzugeben, wie viel Sie von den jeweiligen Zutaten verwendet haben.
4. **Zubereitungsmethode:** Beschreiben Sie die Zubereitungsschritte für Ihr Rezept, z. B. das Herstellen eines Tees, einer Tinktur, einer Salbe oder eines Ölauszugs.
5. **Dosierung:** Geben Sie die empfohlene Dosierung für die Anwendung Ihres Rezepts an, z. B. die Menge des zubereiteten Produkts pro Tag oder pro Anwendung.
6. **Anwendung:** Beschreiben Sie, wie das Produkt angewendet werden soll, z. B. ob es oral eingenommen, äußerlich angewendet oder inhaliert werden soll.
7. **Wirkung:** Notieren Sie, welche Wirkung das Rezept hat.
8. **Notizen und Ergebnisse:** Machen Sie Notizen zu Ihren persönlichen Erfahrungen mit dem Rezept, einschließlich seiner Wirksamkeit, eventueller Nebenwirkungen und anderer Beobachtungen.

Auf der folgenden Seite sehen Sie eine Gestaltungsmöglichkeit. Die Vorlagen können Sie entsprechend Ihren Bedürfnissen und Vorlieben anpassen und ausfüllen.

NAME DER PFLANZE/DES REZEPTS

Wichtigste Infos, z.B.:
Datum der Sammlung/Herstellung:

____

Ort der Sammlung:

____

Teile der Pflanze verwendet:

____

Verarbeitungsmethode:
(z.B. Trocknung, Extraktion, etc.)

____

Anwendungsgebiet (Kopfschmerzen, Hautausschlag, etc.)

____

PFLANZENZEICHNUNG:

REZEPT

Zutaten:

___________________ Menge: _________

___________________ Menge: _________

___________________ Menge: _________

Zubereitungsschritte: ____________________________________

Anwendung: (z.B. Teemischung, Salbe, Tinktur, etc.) ____________

____

Dosierung: ____

Dauer der Anwendung: ______________________________

Wirkung: ____

Nebenwirkungen: ___________________________________

Verbesserungen/Vorschläge für das nächste Mal:_______________

____

AUF EINEN BLICK – GEGEN JEDE KRANKHEIT IST EIN KRAUT GEWACHSEN

Bei vielen Beschwerden wird schnell zu chemischen Arzneimitteln gegriffen. Dabei gibt es häufig natürliche Wirkstoffe, die genauso gut helfen. Die in diesem Buch vorgestellten Heilpflanzen können in vielen Fällen die Beschwerden lindern, wenn nicht sogar heilen. Die folgende Tabelle liefert eine Übersicht, welches Kraut bei welcher Erkrankung angewendet werden kann. Diese Empfehlungen ersetzen jedoch keine ärztliche Beratung! Vor allem wenn die Beschwerden trotz naturheilkundlicher Behandlung nach einigen Tagen nicht abklingen, sollten Sie unbedingt einen Arzt aufsuchen.

Erkrankung/Beschwerden	Heilpflanzen zur Behandlung
Appetitlosigkeit	Beifuß, Basilikum, Dill, Fenchel, Estragon, Liebstöckel, Lorbeer, Petersilie, Rosmarin, Tausendgüldenkraut
Asthma	Baldrian, Ingwer, Spitzwegerich
Blasenentzündung	Beifuß, Bärlauch, Fenchel, Estragon, Frauenmantel, Liebstöckel, Gundermann, Wacholder
Blähungen	Baldrian, Basilikum, Dill, Fenchel, Estragon, Ingwer, Johanniskraut, Kamille, Liebstöckel, Petersilie, Pfefferminze, Salbei, Schafgarbe
Bluthochdruck	Baldrian, Bärlauch, Brennnessel, Knoblauch, Weißdorn
Bronchitis	Arnika, Bärlauch, Spitzwegerich, Thymian
Diabetes	Aloe Vera, Ingwer, Nachtkerze
Durchfall	Brennnessel, Fenchel, Frauenmantel, Nachtkerze, Salbei, Thymian, Wacholder
Erkältung	Fenchel, Kamille, Schafgarbe, Sonnenhut, Thymian
Fieber	Aronia, Basilikum, Frauenmantel, Lorbeer, Rose, Sonnenblume, Tausendgüldenkraut
Gallenbeschwerden	Tausendgüldenkraut, Salbei, Rosmarin, Ringelblume, Mariendistel, Pfefferminze, Melisse
Gelbsucht	Aloe Vera, Brennnessel, Johanniskraut

Erkrankung/Beschwerden	Heilpflanzen zur Behandlung
Gicht	Arnika, Kerbel, Liebstöckel, Petersilie, Schafgarbe, Wacholder, Löwenzahn
Hämorrhoiden	Aloe Vera, Beifuß, Brennnessel, Mariendistel, Pfefferminze, Schafgarbe
hoher Cholesterinspiegel	Brennnessel, Knoblauch, Nachtkerze
Husten	Basilikum, Brennnessel, Fenchel, Gundermann, Spitzwegerich, Nachtkerze, Pfefferminze, Sonnenblume
Krampfadern	Melisse, Mariendistel
Krämpfe	Dill, Fenchel, Kamille, Knoblauch, Lavendel, Mariendistel, Melisse, Salbei, Petersilie, Pfefferminze, Nachtkerze, Schafgarbe, Rosmarin, Ringelblume, Thymian
Kreislaufbeschwerden	Arnika, Rosmarin
Leberleiden	Mariendistel, Melisse, Hagebutte
Menstruationsbeschwerden	Baldrian, Beifuß, Frauenmantel, Kamille, Petersilie, Ringelblume, Salbei, Schafgarbe
Migräne	Baldrian, Ingwer, Liebstöckel, Pfefferminze
Ner vosität	Baldrian, Basilikum, Fenchel, Hagebutte, Kamille, Lavendel, Melisse, Nachtkerze, Johanniskraut, Rosmarin, Thymian, Weißdorn
Neurodermitis	Aloe Vera, Nachtkerze
Nierenleiden	Hagebutte, Gundermann, Petersilie, Wacholder
Ohrenschmerzen	Gundermann, Liebstöckel, Spitzwegerich
Pilzbefall	Aloe Vera, Frauenmantel, Knoblauch
Rheuma	Aloe Vera, Arnika, Estragon, Knoblauch, Liebstöckel, Löwenzahn, Petersilie, Wacholder
Schlafstörungen	Baldrian, Basilikum, Dill, Lavendel, Melisse, Weißdorn
Sodbrennen	Aloe Vera, Tausendgüldenkraut, Wacholder

Erkrankung/Beschwerden	Heilpflanzen zur Behandlung
Sonnenbrand	Aloe Vera, Johanniskraut
Verbrennungen	Gundermann, Sonnenblume
Verdauungsbeschwerden	Arnika, Baldrian, Basilikum, Beifuß, Brennnessel, Dill, Fenchel, Estragon, Ingwer, Johanniskraut, Kamille, Salbei, Schafgarbe
Verstauchungen	Arnika
Verstopfung	Aloe Vera, Basilikum, Hagebutte, Liebstöckel
Wechseljahresbeschwerden	Baldrian, Frauenmantel, Lavendel, Löwenzahn, Weißdorn
Wunden	Aloe Vera, Bärlauch, Beifuß, Frauenmantel, Gundermann, Johanniskraut, Kamille, Arnika, Kerbel, Lavendel, Salbei, Sonnenhut, Spitzwegerich
Zahnfleischentzündung	Aloe Vera, Ringelblume, Salbei
Zahnschmerzen	Spitzwegerich, Mariendistel

HAFTUNGSAUSSCHLUSS

Trotz sorgfältiger Prüfung kann auf den Inhalt externer Websites Dritter keine Haftung übernommen werden. Für die Inhalte der verlinkten Seiten ist stets der jeweilige Anbieter oder Betreiber der Seiten verantwortlich.